夢もまた青し

志村の色と言葉

志村ふくみ
志村洋子
志村昌司

河出書房新社

志村ふくみ（中央）、洋子（左）、昌司（右）。2018年9月撮影

藍《あい》の原料となる蓼藍《たであい》

京都・嵯峨《さが》にあるアルスシムラ

藍を仕込んでから約2週間。表面に泡が立っている

アルスシムラで講師を務める染師の志村宏（撮影：神ノ川智早）

臭木《くさぎ》（手前）と藍（奥）で染めた糸。能「沖宮《おきのみや》」の四郎の衣裳のためのもの
（写真：フクミシムラ）

紅花《べにばな》の花を乾燥させたもの

藍と蘇芳《すおう》で染め分けられた絣糸《かすり》

アルスシムラの生徒が書いたデッサン

すべて植物で染めた糸。志村家の色

アルスシムラで制作に打ち込む生徒。絣に挑戦している

アルスシムラでは経糸《たていと》は全部で1050本。ここに緯糸《よこいと》を合わせていく

夢もまた青し

志村の色と言葉

構成・取材　澁川祐子
装幀・本文組　重実生哉

もくじ

四章　へ（編）

五章　と（時）

撮影　八木ジン（本文・巻頭口絵）　編集　中島宏枝（風日舎）

はじめに

志村洋子

二〇一八年（平成三〇）十月六日、熊本市の中心にある屋外の水前寺成趣園《すいぜんじじょうじゅえん》能楽殿。台風二十五号の影響で直前まで開催が危ぶまれたものの、上演時間が近づくにつれて雨風はやみ、石牟《いしむ》礼《れ》道子《みちこ》さんの新作能「沖宮《おきのみや》」が、かがり火の弾ける音の中で無事に幕を開けました。

水俣病患者の声を代弁した小説『苦海浄土《くがいじょうど》』などの著作で知られた作家の石牟礼道子さんと、染織家である母の志村ふくみは、今から二十五年以上前に雑誌の対談で知り合って以来の友人でした。石牟礼さんより母のほうが三つ年上で、歩んできた道こそ違いますが、魂の深いところで結ばれた二人だったのではないかと思います。

そして二〇一一年。東日本大震災と福島原発事故が起こったことを機に、その惨状に衝撃を受けた母は、居ても立ってもいられず石牟礼さんに便りを出します。その思いは、石牟礼さんも同じでした。こうして二人の手紙のやりとりがはじまりました。

往復書簡の中で、石牟礼さんは新作能「沖宮」の構想を語り、祖母に能衣裳をつくってほしいと頼みました。母は二つ返事で依頼を引き受けました。しかし、石牟礼さんはその時すでに長年患《わずら》っていらっしゃったパーキンソン病が進行し、思うように筆を進めることができませんでした。

それから何度かの草稿を経て、最終的に『現代詩手帖』二〇一二年十一月号で「戯曲　沖宮――おきのみや」が発表されます。さらにその後、修正を加えた決定版が志村ふくみ、石牟礼道子共著『遺言　対談と往復書簡』に収録されました。同書には「沖宮」が完成に至るまでの経緯が収められていますので、ご興味がある方はぜひお手に取ってもらえればと思います。

母と私は、原作が完成する前に、熊本に石牟礼さんを訪ねています。そしてその時、石牟礼さん自身の口から、物語のあらすじをお伺いしました。それは「島原の乱」後の天草を舞台にした「死と再生の物語」でした。

主人公の少女あやは、島原の乱で散った天草四郎の乳母の忘れ形見《がたみ》。干ばつで苦しむ村に暮らすあやは、身寄りがないことから、雨の神である竜神に人身御供《ひとみごくう》としてささげられることになります。小舟に乗ったあやが海へと沈む瞬間、亡霊となった天草四郎が現れ、あやと二人、手を取り合って海の底にある「沖宮」へと旅立っていきます。

天草四郎の衣は、儚《はかな》い水色（水縹色《みはなだいろ》）。

あやの衣は、無垢な緋色《ひいろ》。

物語を鮮やかに語る、石牟礼さんの生き生きとした口調。それはまるで、石牟礼さんに少女あやが乗り移ったかのようで、その世界に吸い込まれていきました。これはただ事ではないと、身震いがしました。そして四郎の水色と、あやの緋色が遠く点となって消えていくさまが深く、深く脳裏に刻まれたのです。

天草から京都に帰った母は、すぐさま制作に取りかかりました。しかし、待てど暮らせど、一向に「沖宮」上演の話は聞こえてきません。あやをイメージして、すでに着物を織っていた母は少し落胆した様子を見せていました。

それから四年の歳月が流れ、二〇一六年に熊本の石牟礼さんのもとを息子たちとともに訪れました。

病気のせいもあって少しお痩せになったように見える石牟礼さんは「天草に帰りたいの」と、か細い声で話されました。その声からは、「沖宮」がいまだ上演できてないことを心残りに思っていらっしゃることがひしひしと伝わってきます。何とかして差し上げたいと強く思った私は、咄嗟《とっさ》に「『沖宮』を私たちの手で上演します」と口にしていました。それは後から振り返れば、本当に無謀な申し出でした。

能衣裳を初めて制作するということだけでも大仕事であるのに、さらにその興行をまったくの素人が手がけるわけですから並大抵のことではありません。右も左もわからない中、手探りで少しずつ準備を進めていきました。その際に大きな支えとなったのが、工房や芸術学校「アルスシムラ」に集う弟子や講師、生徒たちの存在でした。

私たちが「アルスシムラ」を開いたのは、二〇一三年春のことです。それまで母と私の工房はありましたが、もっと広く門戸を開放し、一人でも多くの人に染織のすばらしさ、そして手仕事の意味を伝えたいと考えたからです。設立準備を機に、昌司《しょうじ》、宏《ひろ》という私の二人の息子も加わり、志村家三代で力を合わせて運営に当たたってきました。

工房や学校に集うみんながいたからこそ、この無謀とも言える大事業に立ち向かうことができたのは言うまでもありません。そしてさらに、金剛流《こんごうりゅう》若宗家《わかそうけ》の金剛龍謹《こんごうたつのり》さんとの出会いにも恵まれ、二年の月日をかけて「沖宮」の初日にこぎ着けることができたのです。ただ唯一心残りなのは、石牟礼さんが舞台を見ずに、その年の二月に九十歳でこの世を去ってしまわれたことでした。

しかし、その後悔の念を払拭するかのような出来事が、舞台も終盤となった時に起きました。

四郎とあやが「沖宮」へと道行く、幕切れの場面。それまでやんでいた雨がぱらぱらと落ちてきたのです。そして舞台が静寂を取り戻すとともに、ふたたび雨は降りやみました。その慈雨《じう》は、まるで雨乞いの祈りを聞いた石牟礼さんが、天から降らせたちょっとした合図のようでした。

石牟礼さんはきっと、熊本の空から舞台を見ていたに違いない――。そんな確信にも似た思いの中、舞台は静かに幕を閉じていきました。そして続く京都、東京の公演も好評のうちに終えることができたのです。

本書は、母、私、そして息子たち、さらにもっと言えば、母を染織の道へと誘った祖母の小野豊《おのとよ》と、四代にわたって受け継がれてきた一家の、染織に込める思いを編んだものです。

志村家の仕事に興味を持ってくださった方に最初に手に取ってもらいたいという思いから、「いろはにほへと」にかけた「色（いろ）」「母（はは）」「日本（にほん）」「編（へん）」「時（とき）」という五つのテーマに沿ってまとめました。「いろはにほへと」は「いろはにほへとちりぬるを」と続きますが、母は著書『白夜に紡《つむ》ぐ』で、この短い十二文字に「散りてこそ色である」という色の本質がすでに詠《よ》み込まれていると記しています。

章ごとにまず、母ふくみが現在の心情を語り、次男の宏が詩を寄せています。そしてそれを受け、私と長男の昌司が文章を綴《つづ》りました。それぞれの声が重なり、響き合うように、あえてどちらが語ったのかを冒頭に明示せずに構成しています。あまり類をみない形式の本ではありますが、四人に通底する志村家の思いを汲み取っていただければ幸いです。

今の世の中は、生産性と効率化を追い求める資本主義で覆いつくされています。その中にあって、私たちのような自然とともにある手仕事は、まさに息絶えんばかりの状況にあります。この大きな潮流を押し止める術《すべ》は、もはや残されていないのかもしれないと、途方に暮れることもしばしばです。

しかしたとえ負けるとわかっていても、肝心なのは負け方だと私は思っています。少しでも、染織という日本が古来から受け継いできた尊い仕事を残したい。そう思う一心で、後ろ盾もない中で学校を開き、「沖宮」のような無謀な試みも引き受けてきました。

世の中にとって、我が家の企《くわだ》てはごくささやかなものかもしれません。しかし、一人でも多くの人がそこに何かを感じ取ってくれたなら、私たちにとって大きな喜びです。

本書を手に取ってくださったあなたにとって、ここにある言葉がどうか少しでも心に触れるものでありますよう、切に願ってやみません。

一章　いろ（色）

いろ（色）

志村ふくみ

平安王朝期、人々は四季の織り成すわずかな変化をみのがさず、襲《かさね》の色目《いろめ》という華麗な色彩の世界を生み出しました。

襲の色目とは、衣の表裏、または衣を重ねた際の色の配合を指します。色の濃淡や取り合わせによって、裾《すそ》や袖《そで》のほんのかすかなずれに自然の移ろいを匂わせ、さらには人々の心映《こころば》え、物語の推移までも描き出しました。源氏物語は、その洗練された色彩感覚が文芸に結晶した極致であり、私はその世界に深くわけ入り、六十年前からことあるごとに作品に織ってまいりました。

古代日本の色彩に造詣が深い、国文学者の伊原昭《いはらあき》先生の書物によって多くを導かれてきた私ですが、九十歳を超え、なおのこと源氏物語に引き寄せられるようになりました。それは、伊原先生が昔から究極の美として説いてきた「無彩色の世界」が、年を重ねてより一層、我が身に迫ってくるようになったからです。

絢爛《けんらん》たる色の物語は、終わりに近づくにつれ、徐々に色彩を失っていきます。病や出家、愛する人との別離や死を経て、象徴的に表れるのは墨染《すみぞめ》の鈍色《にびいろ》です。そして光源氏亡きあとの宇治十帖《うじじゅうじょう》の物語では、色彩は一切なく白と黒の、色なき色の世界が繰り広げられていきます。

源氏物語が最後にたどりついた無彩色の世界を思う時、脳裏をよぎるのは般若心経《はんにゃしんぎょう》の有名な一説です。

色即是空《しきそくぜくう》、空即是色《くうそくぜしき》。

色《いろ》は空《くう》で、空《くう》はまた色《いろ》。色がなければ空は存在せず、空がなければ色は存在しません。両者は表裏一体なのです。めくるめく豊かな色彩の世界があったからこそ、はかない色、色なき色という究極の美の世界に到達するのです。

白のままでは生きられない――。

まっ白な糸、布にほんの少しでも人の手が触れれば、それらは汚れてしまいます。無垢のものをそのまま手の内にとどめることはできません。物を創るということは汚《けが》すことであり、人間はそうしなければ生きてはゆけないと常々語ってきました。

今の私が強く魅《ひ》かれるのは、かつて二、三反織ったことのある天蚕《てんさん》の仕事です。野生の山繭《やままゆ》が吐き出す淡い緑の糸は煙のようにふるえ、まぶしいほどの輝きを放ちます。その光の糸で、人間が着る衣《ころも》ではなく、天への捧げものをつくりたい。汚れなきものでありたいのです。天蚕の仕事は、これまで数《あま》多《た》の植物から色を染め、織り成してきた私が最後に夢見る色なき色の世界なのです。

『いろ』　志村宏

あなたを染めました
白の世界からの便り
それは、春を伝える小さな蕾《つぼみ》

かつて人々に、
春の歓喜を伝え
今は、春の足音を色で伝える

私の心はあなたに染まり
私の心が糸を染める

あなたの色は朝焼けの色
春の始まりを告げ
冬の終わりを知らせる

桜色
終わりと始まりの色
桜色
かつての喜びの唄

今、私に響く

色という不思議

色は、この世に存在するあらゆるものにあります。それは手で触れられるものだけに限りません。空や雲、虹といった手で触れられないものにもまた、色はあります。

そして色は、いつも一定ではありません。夕陽が刻々とその色を変えるように、時間の経過とともにものの色も落ち着きを見せたり、褪《あ》せたりします。あるいは時間を経なくとも、ちょっと光にかざしてみれば、同じものでも違った色に見えます。

さらにいえば、色は、見る人の心の持ちようによっても変わります。たとえば、愛しい人を亡くした時、「世界が色を失う」という表現がしばしば用いられます。それは文字通り、これまで鮮やかな色彩にあふれていたと思っていた世界が、一瞬にしてくすんで見えるということでしょう。源氏物語が終わりに近づくほど、色彩を失っていくのは、そんな心象風景を描いているからです。

今、私が見ている色が、はたして現実の色なのか、心を通して見ている色なのか。色のことを考えると、心の内と外との境界がいつも曖昧になってきます。

今、私は母ふくみと同じ染織の仕事をしています。しかし、ある時までは同じ道を進もうとは微塵《みじん》も思っていませんでした。母も同様に、この仕事を継いでほしいと私に言うことはありませんでした。

それが、なぜ同じ染織の仕事をすることになったのかと人は思うでしょう。その理由は二つあり、一つは藍《あい》という色に強く魅かれたこと、そしてもう一つは、色彩というものの迷宮に迷い込んでしまったことです。

私は高校生の時に嵯峨《さが》の家を出て、寮に入りました。以来、独立して自分なりに生きていこうと考えていました。高校を卒業した後は、メディア論を勉強したいと大学に進みましたが、当時は学生運動の真っただ中で勉強するどころではありませんでした。やがて私は結婚し、子どもを授かり、家庭に入りました。

母の仕事をもう一度見直すことになったのは、妹が結婚し、一人暮らしとなった母とふたたび一緒に住みはじめたことがきっかけでした。私が三十一歳の時、一九八〇（昭和五五）年春のことです。

私がいない数年の間に、工房には人が増え、母は精力的に仕事をしていました。庭には小さな藍小屋が建ち、藍甕《あいがめ》が二つ。藍建《あいだ》てについてはのちほどお話ししますが、母の念願だった藍建てに取り組んでいた時期と重なっていました。

当時の私はというと、ヨーロッパの哲学に興味を持ち、独学で勉強していました。子どもがシュタイナー教育の幼稚園に通っていたこともあり、図書室にあったシュタイナーの本を片っ端から読んでいたところでした。シュタイナー教育とは、オーストリアの哲学者ルドルフ・シュタイナー（一八六一―一九二五）が提唱した幼児教育で、子どもの感性を伸ばす芸術教育として現在も知られています。そこで、私はシュタイナーの『色彩の本質』に出会います。

ドイツの作家ヨハン・ヴォルフガング・フォン・ゲーテ（一七四九―一八三二）の信奉者であったシュタイナーは、ゲーテが著した『色彩論』に触発され、その論を発展させようとして筆を執ったのが『色彩の本質』です。それは色彩というものを単に科学的に捉えるのではなく、植物の生命や人間の精神と結びつけながら体系立てて考察するという、今までにない色彩論でした。

それは翻《ひるがえ》って、染織の仕事を別の角度から見る契機となりました。日本の染織は、古代からの色彩感覚を連綿と受け継いだもので、ものや言葉として残されています。それは世界を見渡しても稀《まれ》なことです。これらをきちんと残し、伝えていかなければいけないと、西洋の色彩論を学ぶにつれ、私はそう思うようになりました。

ゲーテもシュタイナーも、そして後にはオーストリア出身の哲学者ルートヴィヒ・ウィトゲンシュタイン（一八八九―一九五一）も、晩年になって色彩論に挑んでいます。しかしながら、日本では、人間と色の関係を考える哲学は見当たりません。それはおそらく文学、とりわけ和歌が優れていたからではないかと思います。歌や文学に色が詠み込まれてしまったがために、哲学としての色彩論が意識されてこなかったのでしょう。

しかし、現代に生きる私たちは和歌の心をすでに忘れてしまっています。その風前の灯《ともしび》の中で、どうにかして日本人の視点から色彩論をまとめておきたい。無謀な試みかもしれませんが、月日を経るごとにその思いは強くなってきているのを感じます。

（洋子）

植物から「色をいただく」ということ

私は、五歳から祖母のふくみとともに嵯峨で暮らすようになりました。

当時は母屋の隣に工房があって、遊びに行く感覚でよく工房に出入りしていました。そこで糸巻の真似事をしてみたり、藍をかき混ぜてみたり、ちょっとした手伝いをするのが常でした。染料を煮出す時はぐらぐらと沸いた湯を使うので、さすがに子どもには手伝わせてもらえませんでしたが、茶色くごつごつとした木の枝から、どうしてあれほど鮮やかな色が生まれてくるのか、幼心に不思議に思ったものです。

草木《くさき》染めの基本的な工程を簡単に説明すると、染料となる草木を煮出して染液をつくり、その染液に糸を浸けて染めます。その後、発色を良くし、色を定着させるために媒染《ばいせん》という工程を行います。媒染には木を燃やした灰からつくる灰汁《あく》のほか、銅や鉄、ミョウバン、石灰などの鉱物を使います。同じ草木で染めても、何で媒染するかによって色が変わるのが染色のおもしろいところです。

植物染料には、生命の神秘を思わせるような発見があります。たとえば、基本的に花びらからは、その花の色には染まらないという法則があります。目の覚めるような赤や紫、黄色の花で染めてみても、花そのものの色は出ず、たいていはベージュやグレーになります。あざやかな色を染めるには、花ではなく、葉や幹、枝、実や根を使うのです。

たとえば桜でもって、淡く可憐な桜色を染めようとしたら、使うのは樹皮です。それも蕾《つぼみ》のついた、花開く直前のもの。染め出した瞬間は、いままさに花になろうとしている桜の木の生命が、色となって目の前に現れるかのようです。

祖母は初の著作『一色一生《いっしょくいっしょう》』（求龍堂）の中で、「植物から染まる色は、単なる色ではなく、色の背後にある植物の生命が色をとおして映し出されている」のであり、「植物の命と、自分の命が合わさった時、ほんの少し、扉があく」と綴《つづ》っています。祖母は、植物から「色をいただく」という表現を使いますが、それは草木の生命をありありと感じる中で自然に出てきた言葉といえるでしょう。

染めのむずかしいところは、どれだけの植物を使ってどのくらいの濃さの染液をつくるか、そしてその染液にどれだけ糸を浸けるかという判断です。それはマニュアル化を許さない、直感的なものです。染液に浸ける回数を重ねれば染め糸の色は濃くなりますが、単純に回数を重ねればいいというものでもありません。ある時点を頂点として、それ以上染めても色はくすんでいきます。その頂点を見極めるのが、美しく染めるポイントです。

祖母の染めを見ていると、その判断の思い切りのよさに驚きます。ある瞬間に「はい、そこまで」と言い、すっぱりと染めるのを止めるのです。おそらくパッとインスピレーションが湧くのでしょう。

アルスシムラに入ってきたばかりの生徒を見ていると、多くの人はまず自分の思い描いたデザインがあって、それに合った色を出そうとします。しかし、その試みはたいていうまくいきません。

たとえば濃い色を出そうとして、何度も媒染すると、糸が傷んだり、色がくすんできたりします。それは結局、順番が逆だからです。自分があって、それに植物を合わせるのではなく、まず植物があって、そこに自分を合わせていく。草木の持つ、本来の命の色をどうしたらこちら側に宿すことができるのか。そういう気持ちでないと、染めはうまくいきません。人間のエゴイズムと向き合わざるを得なくなるのが、草木染めならではの奥深いところです。

志村家の仕事は、これまでずっと「蚕《かいこ》の糸を使う」「植物で染める」「手機《てばた》で織る」という、伝統的な手法に則《のっと》ってきました。

祖母が仕事をはじめた昭和三〇年代は、日本に高度成長期の波が訪れた頃で、化学染料の改良が進み、植物染料を駆逐していった時代でした。そんな時代の流れに逆行するがごとく、祖母がこの道を選んだのは、自然と我が命が感応する仕事に無上の喜びを見出したからにほかなりません。

その植物本来の生命——祖母は「色霊《いろだま》」と呼ぶことがありますが、そこに宿る生命を生かすために、桜なら桜、梅なら梅だけというように、一種類の草木だけで染めます。違う種類の草木を一度に煮出したり、複数の染液を混ぜたりすると、色が濁ってしまうからです（ただし、いったん糸に染まった草木の色は、他の草木の色を受け入れてくれます）。しかし、化学染料の場合は、植物染料とは色の出し方がまったく異なります。祖母は以前、植物染料と化学染料の違いについて次のように綴っています。

化学染料の場合はまったく逆である。色と色を交ぜ合せることによって新しい自分の色をつくる。単一の色では色に底がない。化学染料は脱色することができるが、植物染料は脱色することができない。自然が主であるか、人間が主であるかの違いであろう。

——志村ふくみ『色を奏でる』

化学染料は、記号化された色です。コンピュータ上で色と色を掛け合わせ、人間の思うがままに色を機械的につくり出すことができます。対して植物から染める色は一色、一色、生命に対応しています。色としてこの世に写しとられた生命は、完全にまっ白な色に戻すことはできない。色の背景に精神性が宿っているからこそ、化学染料のようにのっぺりと均一ではなく、深みや奥行きが感じられるのです。

単なる記号としての色と、精神性のある色——。

しかしながら、はたしてその違いを今、どれだけの人が見分けられるでしょうか。私は幼い頃から植物染料が身近にあったため、草木染めの色を美しいと思い、心魅かれる感性が自然に育まれていったように思います。もちろん、それは現代の世の中では稀な環境であることは承知しています。

植物染料と化学染料から生まれるものの違いをいかに伝えていくか。それもまた、現代を生きる私たち世代に課せられた大きな問題なのだと受けとめています。

（昌司）

緑という神秘

幼少の頃の色の記憶を辿ると、そこに特別な色としてよみがえってくるのは緑です。

私が幼稚園児だったある日のこと、アメリカに嫁いだ父方の叔母から、荷物が届きました。「洋子へ」と書かれた茶色の袋から出てきたのは、緑と白の鮮やかなギンガムチェックのワンピースでした。

昭和三〇年頃は、まだ貧しくものがない時代で、どこの家でも子どもの着る服にかまう余裕などありませんでした。そこに現れた、リボンがキュッとあしらわれたハイジが着るような素敵なワンピース。うす暗い茶の間に、まるで大輪の花が咲いたようで、その時の場面が今も瞼《まぶた》に焼きついています。

当時は、カラフルな子ども服自体が少なかったうえ、中でも緑の服は珍しいものでした。私はそのワンピースをとても気に入って、ことあるごとに着ていました。あまりによく着ていたので、そのうちに汚れ、古くなり、とうとう着られなくなって捨てる時にはわんわんと大泣きしました。それを見た、当時一緒に暮らしていた父方の叔父が「僕が大きくなってお金を稼げるようになったら、洋子ちゃんに絶対、ワンピースを買ってあげるよ」と慰めてくれたほどでした。

そのせいでしょうか。小学校に入学する時、用意されたランドセルは、緑色でした。今は何十色ものカラフルなランドセルが出回っていますが、当時は男の子といえば黒、女の子といえば赤と決まっていたものです。それなのに緑。しかも鮮やかな色ならまだしも、それは渋く暗めの緑でした。

六歳の少女にしてみれば、それはショックな出来事です。友だちみんなが赤い色のランドセルを背負っているところ、一人だけ緑色なのですから。まわりの男の子からは、やんやと囃《はや》したてられ、恥ずかしいやら、悲しいやら。たまらなく嫌でした。けれど、親が一生懸命用意してくれたものだから、文句を言うこともできません。仕方なく緑のランドセルを背負って学校に通っていたら、隣のクラスに黄色のランドセルを背負っていた女の子を見つけました。そして、その彼女と私は大の仲良しになったのです。

今も鮮やかによみがえる、緑にまつわる思い出。こうして緑色は、私の中でほかの色とは違う特別な色となったのです。それから時が流れ、染織の仕事をはじめた私が、ふたたび緑というこの神秘的な色に強烈に魅きつけられることになろうとは、露《つゆ》ほども思いませんでした。

緑色の不思議。それは、この世の自然には緑があふれているにもかかわらず、その緑色が植物から出ないということです。赤、橙《だいだい》、黄、緑、青、藍、紫の虹の七色のうち、植物から直接色が出ないのは緑だけです。

緑色を出すには、黄色と青を掛け合わせます。青には藍を使い、その藍と相性が良いのは、刈安《かりやす》というイネ科の植物から出る黄色です。まず刈安で糸を黄色に染め、次にその黄色い糸を藍甕に浸けます。充分に藍が黄色と溶け合った頃合いを見計らって引き上げると、眼にもあざやかな緑色が現れます。

ゲーテは「赤は天上の色、緑はこの世の色」と解釈していましたが、私の染織の経験からすると、緑は「命の色」に思えます。そのように緑は生命の本質的な色であると捉えると、染色では緑を抽出できないことは、当然のことだと思えてきます。なぜなら、緑が命の本質的な色であるなら、火や水に晒《さら》されて死んでしまうのはごく自然だからです。

しかし、緑は「命の色」である一方、「死の色」でもあると思います。たとえば、血の色がもし緑だったとしたらどう思うでしょうか。即座に気持ち悪いと思う人が大多数ではないかと思います。異星人が得てして緑で描かれるのも、この世の者ではないことを端的に表わすために違いありません。

ゲーテは、「光に一番近い黄色と、闇に一番近い青が結合したところに緑が現れる」と言っています。また、私がこの道に入るきっかけにもなったシュタイナーの『色彩の本質』では、色の考察を緑からはじめ、「緑は生命の死せる像を表わす」と定義しています。緑という色に、私たちは植物の本質である生命を感じとりますが、その緑の色自体には生命の本質は存在せず、その像であるということです。つまり、生と死のあわいに存在するのが緑なのです。

日本の歴史的な染織品の中に、緑色がほとんどないのも不思議なことです。ただし例外なのが曼荼羅《まんだら》です。古い曼荼羅を見ると、緑と赤が主となって構成されています。時に緑が青になっていることもありますが、ほとんどが緑と赤という補色関係の色を使っています。色彩環で正反対に位置し、互いを引き立たせるという性質がある緑と赤を主に、真ん中の大日如来は白や黄色で描かれています。

もしも曼荼羅が宇宙の真理を表わすのだとしたら、赤と緑はこの世界における究極の色ということになります。

そこで思い浮かぶのは、工房から望む嵯峨の山々です。春には新緑が芽吹き、夏には濃い緑が茂り、秋になると黄色から赤に色づきます。そして冬には、無彩色の世界が訪れます。確かに自然界も緑から赤へと巡っていき、最後は色なき色の世界を通過して、ふたたび緑へと転じていきます。四季の移り変わりは、まさに生から死、死から生への流転といえるでしょう。

自然と宗教、そして色。緑はその中にあって、この世の秘められた法則を解く鍵のように思われてならないのです。

（洋子）

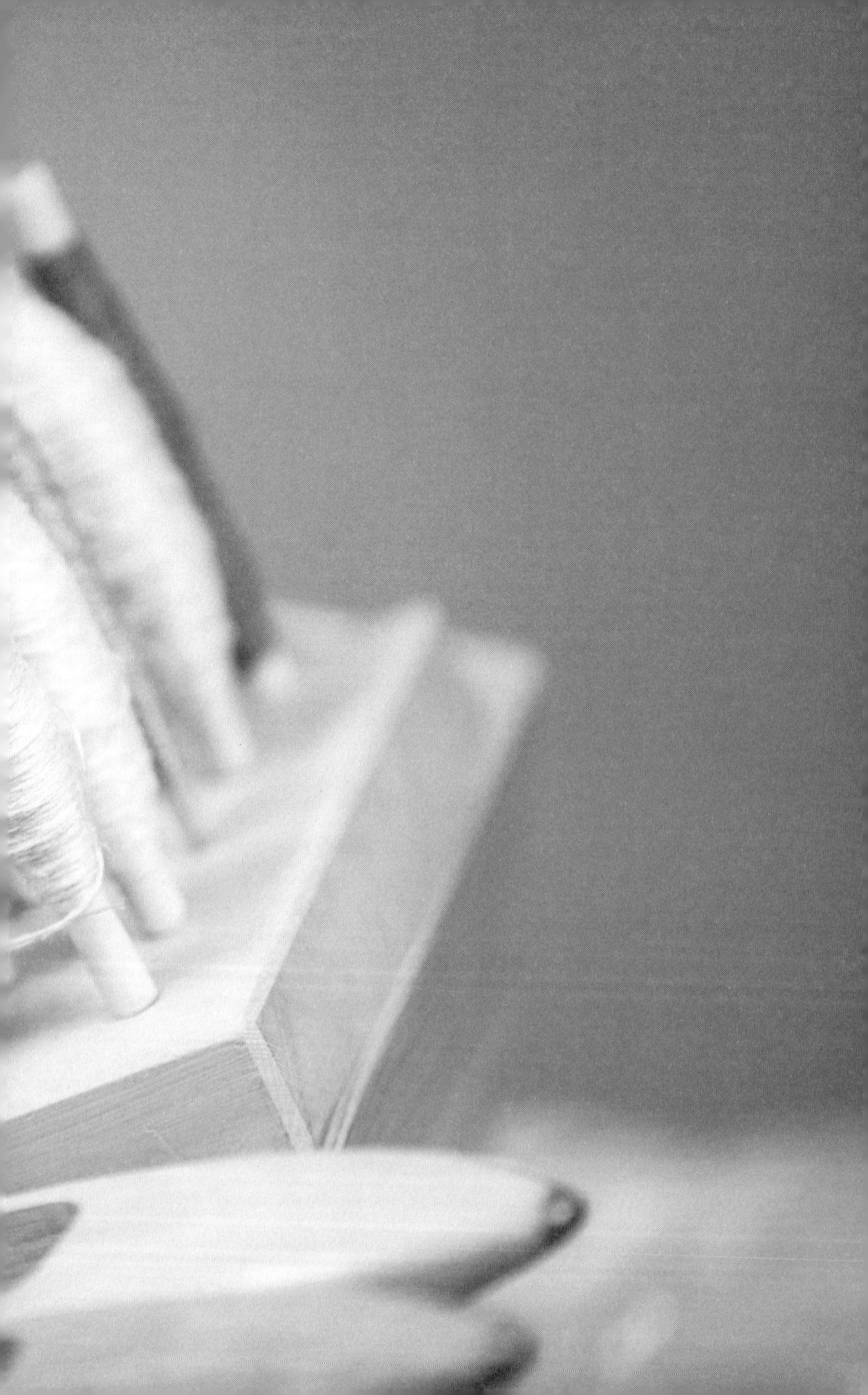

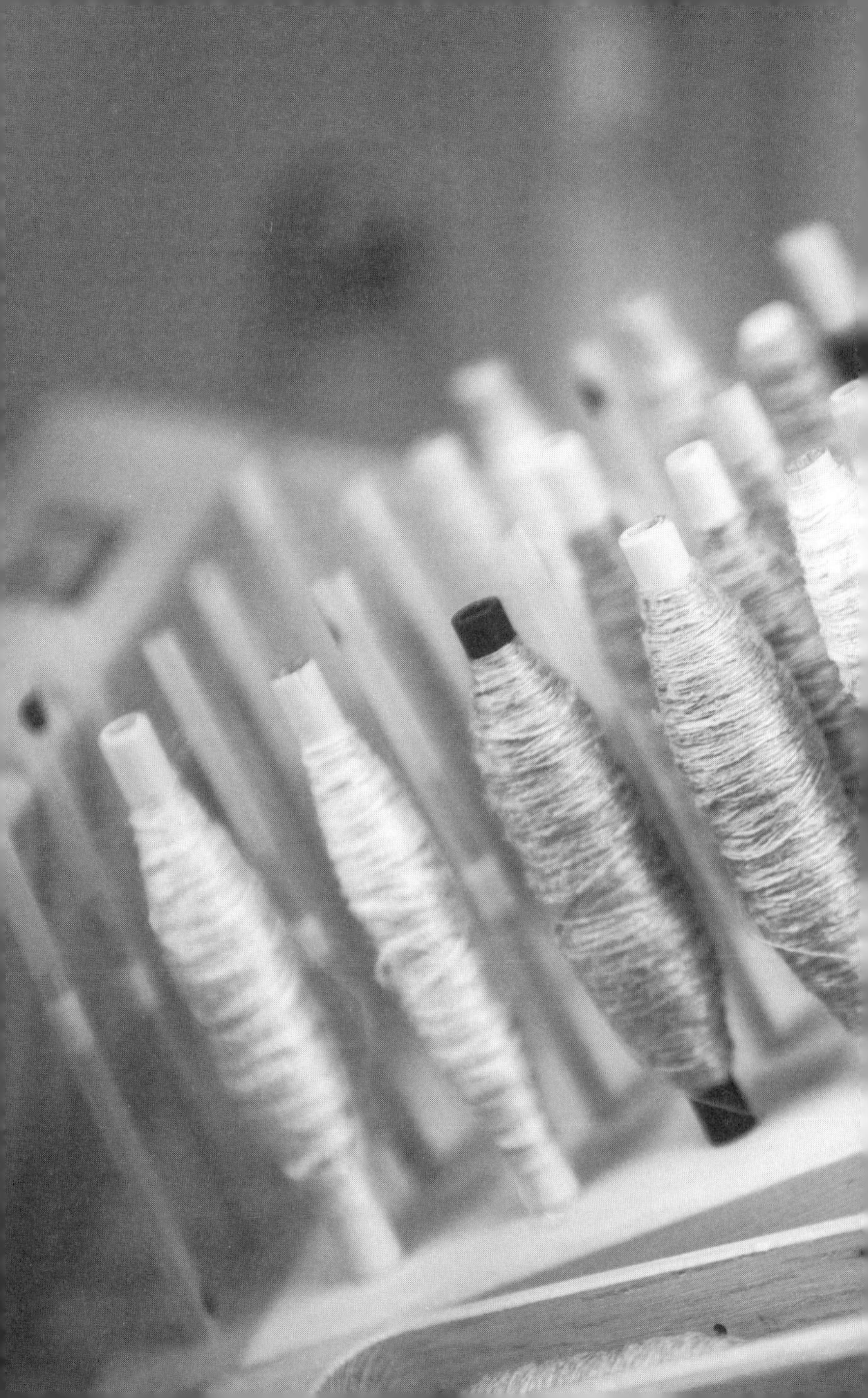

藍《あい》と月

志村家の色といえば、私は迷わず「藍」を挙げます。なぜなら祖母の小野豊《おのとよ》、そして母のふくみ、私まで「三代藍狂い」と言えるほど、みな藍のとりこになってきたからです。

母を染織の仕事に導いた祖母は「藍染めの着物ほど日本の女性を美しく見せるものはない」と言い、いつも藍を着ていました。祖母についてはのちほど改めてくわしく語ることになると思いますが、「藍のない染織は主人のいない家のようなものだ」と口癖のように言っていました。

藍には「藍四十八色《あいしじゅうはっしょく》」という言葉があるほど、染めるタイミングによって微妙に色合いが異なり、さまざまな色名がつけられています。自分のところに藍甕があればこそ、藍の変化に応じ、濃紺から淡い水色までのグラデーションが染め分けられます。また、藍があるということは、緑のグラデーションも染められるということでもあります。

母は、祖母の言葉を受け継ぎ、一九六八（昭和四三）年に京都の工房に藍甕を据えました。先にお話ししたように、私が家族とともに嵯峨の家に戻ったのは、ちょうど母が藍を建てるのに奮闘している頃でした。

　藍は、ほかの植物のように炊き出した液で染めるのではなく、藍甕に蒅《すくも》という藍の葉を発酵させた染料を使って「灰汁《あく》発酵《はっこう》建《だ》て」という古くからの方法で「建て」ます。藍甕に、灰汁とともに蒅を入れ、そこに栄養となるお酒をちょっと。これらをかき混ぜながら、藍の成長を見守っていくのです。

　藍が建つと、表面にぶくぶくと「藍の華《はな》」と呼ばれる泡が立ち、藍の色が現れます。それから藍は、子どもから大人へと成長するように段階を経て変化していき、やがて息絶えます。

　藍を染めると、糸を引き上げたその瞬間、淡いエメラルドグリーンが現れます。しかしその色は長くは続かず、空気に触れて五、六秒もすると刻々と青に変化していきます。前項で緑は、「生と死のあわいに存在する」と言いましたが、まさにその境界線を目撃する瞬間です。

　藍を濃く染めるのは比較的やさしく、染めを繰り返せば色はどんどん濃くなっていきます。逆にむずかしいのは、薄い色を出すことです。藍が元気なほど、濃く染まってしまい、たとえ水で薄めたとしても、ただ力のない色になってしまいます。藍の勢いが時間とともに衰えていく調子を見計らいながら、段階的に染めていくしかありません。中でも最期を迎える間際に現れる、淡く澄んだ青空のような色を「甕覗《かめのぞき》」といい、昔から藍染めをする者の間で幻の色と呼ばれてきました。

灰汁発酵建ての藍染めには、確かな経験と直感が求められ、個人作家が取り組むのは途方もないことでした。しかも母の藍建ては、ともすると精神論に寄りすぎるきらいがあり、成功と失敗の繰り返しで、いつまで経っても藍は安定して建ちませんでした。ちょうどその頃、染織の仕事に惹かれていた私は、藍を一から勉強することにしました。そして、藍染作家の新道弘之《しんどうひろゆき》氏から「藍の基本は、質の良い灰汁をつくることに尽きる」という教えを受け、ようやく光が見えてきたのです。

そこへ、一つの偶然が重なりました。

ある満月の夜のこと。藍は建ちだしたら、毎日液を攪拌《かくはん》しなくてはなりません。

しかしその日は日中にかき混ぜるのを忘れていたため、夜中になって藍小屋に向かいました。隙間風の吹く小さな藍小屋の甕にさーっと一筋の月光が差しました。月光に照らされた藍の表面は艶やかに紫色に輝き、ぷくぷくと華を次から次へと吐き出しています。

明日の朝一番に染めたら、これはきっと美しい色が出るに違いない。そう思った私は、翌日の早朝に起き、甕の中に糸をそっと浸しました。

その時に現れた色を、何と表現したらいいでしょうか。すかーんと晴れ渡った空がまるで落ちてきたかのように思われる、一点の曇りもない縹色《はなだいろ》。縹色とは藍色より薄く、浅葱色《あさぎいろ》よりも濃い、藍の色名です。その縹色は、これまで見たことのない鮮やかさでした。

そこで、はたと思いあたりました。満月の夜が頂点だとするなら、そこに合わせて藍を仕込めばいいのではないか。逆算すると、仕込みの日はちょうど新月の日に当たることがわかりました。

新月に仕込むと、上弦の月を経て、満ちる頃に藍の華が咲く。その後、藍は月の満ち欠けを二回経る間に、そのリズムとともに死と再生を繰り返し、やがて終焉へと向かっていく。月の運行と藍の色彩が深く関係していることに気づいてから、驚くほど安定して藍を建てられるようになりました。

京都の嵯峨にある私たちの工房は「都機《つき》工房」といいます。「都機」とは万葉仮名で「月」のこと。藍の色は、月の満ち欠けによって育まれることにちなんで命名しました。

あの満月の夜から、三十年ほどが経ちました。今では藍建てに苦労することはほとんどなくなりましたが、藍との出会いは毎回、一期一会だと感じています。同じように建てた藍でも、個性はいろいろです。健やかで元気な藍だったから、甕覗がきれいかといえば、必ずしもそうではないのが不思議です。

ちょうどこの前建てた藍は、途中で華が消えたりして、「この子はどうなるんだろう」と心配するほど弱々しく、途中で強い灰汁を足すほどでした。でもなんとか機嫌を取って、結局は長生きしました。そして最期に一瞬だけ、眼の覚めるような甕覗を出して、あっという間に終わりました。

ずっと元気な藍もあれば、最期に一瞬だけ発露する藍もあり、延々と染まり続ける藍もあります。それはまるで人生の縮図のようです。

今度はどのような藍に出会えるのか。藍を建てるようになって何年経っても、いつも出会いに胸を躍らせながら、藍を育てています。

（洋子）

色の能舞台「沖宮《おきのみや》」

「色でテーマを表現するということは、普段の能にはないことでした」

石牟礼道子さん原作の新作能「沖宮」で、シテの四郎を演じた金剛流《こんごうりゅう》若宗家《わかそうけ》の金剛龍謹《こんごうたつのり》さんはそう語りました。

「沖宮」は、死と再生の物語です。舞台は「島原の乱」後の天草。身寄りのない少女あやは、日照り続きの村で、雨の神である竜神にささげる人身御供《ひとみごくう》に選ばれます。村人たちが泣きながら見送る中、あやを一人乗せた小舟は次第に海の向こうへと遠ざかっていく。緋色《ひいろ》の衣を着たあやが一つの赤い点になった時、雷が落ち、あやは海に投げ出されます。そこへ亡霊となった四郎が現れ、二人は手を携えて海底にある沖宮へと道行く――。

四郎の水縹色《みはなだいろ》と、あやの緋色。石牟礼さんは、祖母のふくみが贈った染め糸をもとに二人のイメージを膨らませ、作品を完成させました。

水縹色を染めたのは、臭木《くさぎ》という木の実です。臭木は、枝を折るとビタミンのような独特の匂いがするため、このような不名誉な名前がつけられていますが、晩秋には青く小さな玉のような実をつけます。祖母はこの小さな実を「まるで秋の空からしたたり落ちる滴をためた小さな壺のよう」と慈しみ、「天青《てんせい》の実」と呼んで詩も書いていています。

その熟した小さな実を一粒一粒集めて炊き出し、糸に染めるのですが、その色はやや黄味がかった半透明の水色をしています。藍の薄い水浅葱《みずあさぎ》色《いろ》とは違った、はかなく澄んだ色は、まさに夭折した天草四郎を思わせます。

臭木の実は、昔は嵯峨付近でも採れたのですが、最近はみつけるのがむずかしくなっています。衣装一反に使う糸を染めるにはたくさんの実が必要ですが、はたしてそれだけの実が集まるだろうかと舞台を前に心配していました。しかし偶然にも、アルスシムラの生徒に熊本出身、それも天草から来たという人がいて、熊本にはたくさん臭木が生えていると言うのです。そこで彼女が熊本に飛び、たくさん実を集めて送ってくれました。こうして無事に染められたのも今思えば、石牟礼さんの導きだったのかもしれません。

そして、あやの緋色。これは紅花《べにばな》で染めました。前に「花から色は染まらない」と言いましたが、紅花は例外です。

祖母が「天上の赤」と呼ぶように、紅花の花びらだけで染める色は、赤特有の激しさや妖艶さとは無縁の、あどけなく清純な赤です。「花は移ろい」というように、紅花の色は退色しやすく、短命だと言われています。それだけに、鮮やかに染めるには何度も繰り返し重ねて染めなければなりません。同じく緋色を茜《あかね》の根で染めることもありますが、こちらは根だけあってやはり深く、包容力のある赤です。いうなれば、紅花の緋は天上の少女、茜の緋は大地の母といったところです。

水縹色と緋色、どちらも植物と結びついた名前ではありません。ですから、必ずしも臭木と紅花である必要はないのですが、石牟礼さんが選んだのは臭木の水縹色と、紅花の緋色でした。

とくに紅花は、花であることが重要だったのではないかと思います。そう思うのは、「沖宮」の原作を読んでいると、石牟礼さんが描いていたあやの衣はもっと印象的な赤らしい赤だったような気がするからです。でも、実際に舞台であやが身にまとった緋色は、どちらかといえばピンクに近いような赤です。それでも紅花を指定したのは、あやの魂が持っている秘められた花、そしてお能の「秘すれば花」という、「花」へのこだわりがあったからだろうと思うのです。

祖母は、それぞれの草木が持つ命の声に耳を傾け、その声を生かすように染めてきました。花には花の、実には実の、根には根の主張があり、それが色となってこの世に現れると言ってきました。そんな祖母にとって、直観的に色の本質を見抜き、臭木の水縹色と紅花の緋色を選び取った石牟礼さんはまさに出会うべくして出会った人だったのでしょう。

水俣の海を愛し、そこに生きる貝や虫の声を聞き、その声を言葉に編んだ石牟礼道子。嵯峨の山々を愛し、草木の命を染め、それを裂《きれ》に織った志村ふくみ。二人を結びつけたのは、今の人間を中心に考える世の中への違和感であり、植物や動物などあらゆる命に対するまなざしです。

祖母が、石牟礼さんに贈った染め糸の見本には「夢の浮橋」という名前がつけられていました。

「夢の浮橋」は『源氏物語』第五十四帖、つまり最後の巻の題名です。二十八歳になった薫が出家した浮舟《うきふね》を訪ねますが、浮舟は会うのを拒み、薫の失意のうちに物語はあっけなく終わりを迎えます。その唐突な終わり方は「開けたままの終結」と言われ、どう受けとめるかは読み手に委ねられています。

祖母に「なぜ『夢の浮橋』とつけたのか」と聞いたことがありますが、「ふっと浮かんできただけ」という答えが返ってきただけでした。

橋はあの世とこの世をつなぐものの比喩でもあります。だとするなら、「沖宮」という作品は、人生の終盤に近づいてきた二人から投げかけられた、開いたままの物語なのかもしれない——。あくまで私の推測にすぎませんが、舞台が幕を閉じた今、そんなふうに思えてくるのです。

（昌司）

二章　は（母）

はは（母、妣《はは》）

志村ふくみ

二人の子を抱えて婚家を出て、人生の岐路に立った私の心に浮かんだのは、かつて母・豊《とよ》が断念せざるを得なかった織物のことでした。私は近江《おうみ》の母のもとに戻り、藁《わら》にもすがる思いで機《はた》を織りはじめました。

その昔、貧しくて糸も買えない家では、女性たちは残り糸を丹念につないで裂《きれ》を織っていました。「屑織《くずおり》」「ぼろ織」という、そのつつましい裂に魅了され、私は藍染《あいぞ》めの糸とつなぎの白い糸だけで夢中になって織りました。はじめての着物らしい着物「秋霞《あきがすみ》」を織った時のことです。

それから五十年が経ち、ふたたびぼろ織に向き合う日々が訪れたのは必然だったのかもしれません。かつて母は、農家のおばあさんたちに頼んで短い糸をつないでもらっていました。そうしてつないだ糸玉を、それまではもったいなくて少しずつしか使っていませんでしたが、はたしていつまで織れるだろうと思い、そのつなぎ糸を使うことにしました。

「ぼろ」は漢字で「襤褸《ぼろ》」と書きます。最底のものに、どうしてこのように格調の高い字を当てたのでしょうか。気になって調べてみたところ、辞書にはただ「くず」「ぼろ」とだけあり、隣にあった「母衣《ぼろ》」という二字に目がとまりました。母衣とは、平安時代の武士たちが戦《いくさ》で背負っていた、矢を防ぐための大きくふくらませた袋のようなものだそうです。それを知った時、私の中で咄嗟《とっさ》に「襤褸」と「母衣」が結びつきました。「襤褸」は「母衣」だと思ったのです。

「母衣」という言葉はまた、最澄《さいちょう》が唐から請来《しょうらい》したという「七条刺衲袈裟《しちじょうしのうけさ》」を思い起こさせました。

七条刺衲袈裟は「糞掃衣《ふんぞうえ》」と呼ばれるもので、行き倒れた人や遭難した人の衣を集めて洗い清め、ぼろぼろに繊維化した断片を刺してつないでつないでやっと一枚の布にし、袈裟に仕立てたものです。この上もないぼろなのですが、それがこの上もなく美しいのです。初めて実物を目にした時、それは千二百年経つとは思えないほどの精気を放ち、まるで世界最高峰の抽象画を見るようでした。

最底のものが、最高のものになる。私は、つなぎ糸で織りはじめた裂を曼《まん》茶《だ》羅《ら》にしようと決めました。

織っている途中、ふしぎなことに私が織っているのではない、私をとおして無名の多くの機織りの女性と共に織っているのだという思いに駆られました。そこで私と娘の洋子、弟子たちと一緒に織りあげることにしました。そして完成したのが「母《ぼ》衣《ろ》曼《まん》茶《だ》羅《ら》」(二〇一六年)です。

母から娘に受け継がれてきた機織り。その背後には、数多《あまた》の母の存在があります。さらにさかのぼれば、そこには神代《かみよ》の妣がいます。

妣から母へ、そして娘へと、みな等しく、妣の慈愛へと通じている。私はそれを、「母衣曼荼羅」をつくる中で深く感じ取ったのです。

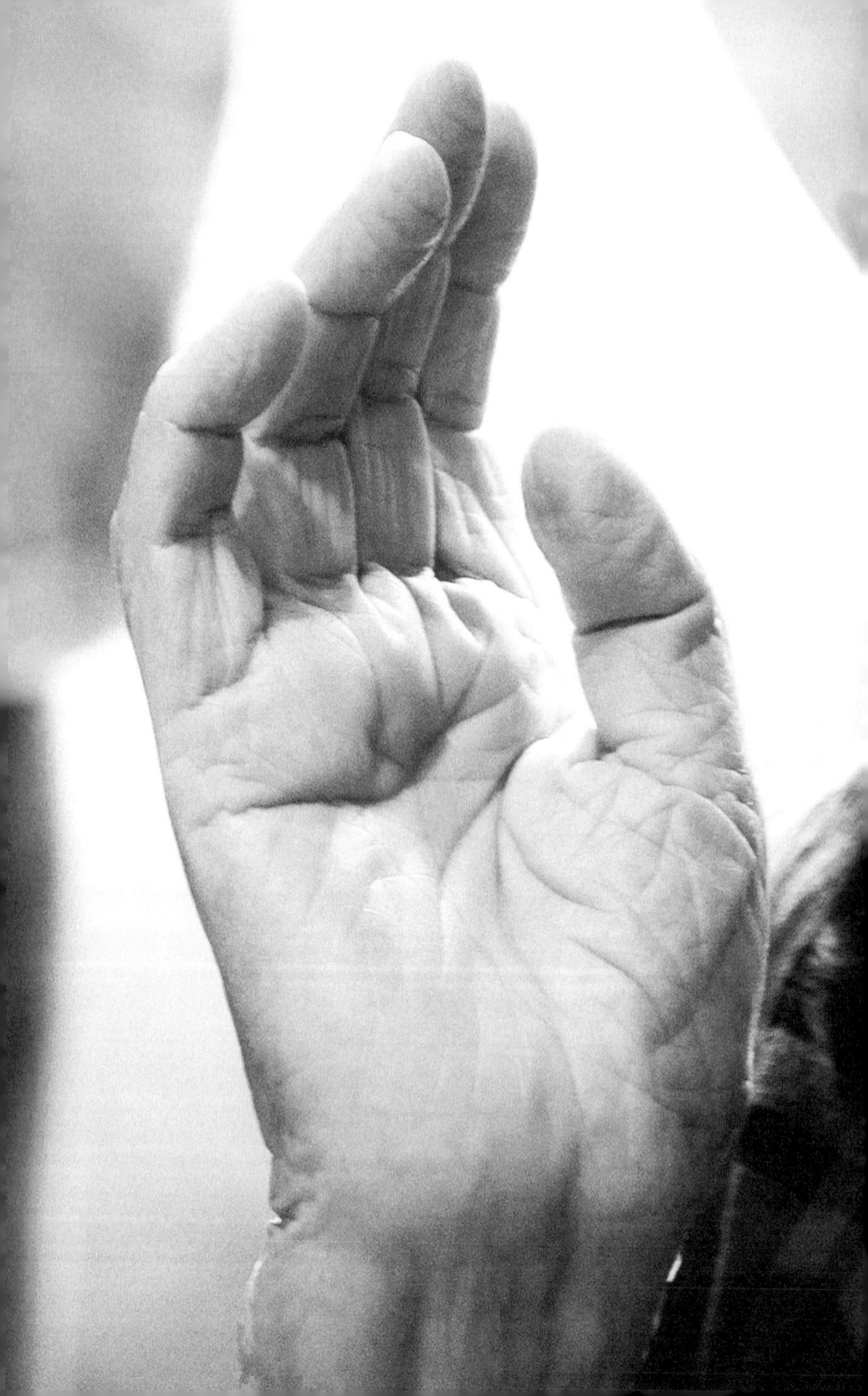

『はは』　志村宏

部屋の片隅に寝る私
遠くに機織りの音を聞いていた
とんからり、とんからり

母の音が聞こえる
眠る私は音で知る
とんからりの子守唄

目覚めた私は走り出る
まだ聞こえる母の音
とんからりのお出迎え

誰かにとっては雑音も
私にとっては母の声

とんからりは母の声
いつもと同じ母の声

祖母から母へ、そして娘の私へ

母ふくみには、二人の母がいました。一人は生みの母である小野豊《おのとよ》、そしてもう一人は育ての母である志村日出《しむらひで》です。

母は一九二四（大正一三）年、滋賀県近江八幡に医師の小野元澄《もとずみ》と豊の次女として生まれました。兄弟には姉の美代《みよ》、長兄の元衛《もとえ》、次兄の凌《しのぐ》がおり、のちに妹のなおみが誕生しています。

母は二歳の時、子どものいなかった元澄の弟・志村哲《さとる》と日出夫妻の家へ養女に出され、志村家の一人娘として育ちました。出生の真実を知ったのは、十七歳になる年のお正月。近江八幡の小野家に呼ばれ、元澄と豊が実の両親であることを打ち明けられたのです。

世界が一変した母は、すぐに東京に戻る気にならず、しばらく小野家にとどまりました。そして、暗い納屋の片隅に一台の機があるのに眼を留めました。

かつて祖母の豊は、染織の道を志したことがありました。きっかけは三十歳の時に、民藝運動を提唱した柳宗悦《やなぎむねよし》（一八八九—一九六一）らに出会ったことでした。

民藝とは「民衆的工芸」の略で、大正末期に思想家の柳宗悦が中心となって提唱された概念です。民藝運動は、人々が日々の暮らしで使ってきた日用の工芸品にこそ美があると唱え、手仕事の普及を目指した、いわば生活文化運動でした。

そして祖母は、柳の勧めで一九二七（昭和二）年、京都で設立された工芸のギルド「上加茂民藝協団《かみがもみんげいきょうだん》」に参加。染織を研究していた青田五良《あおたごろう》（一八九八－一九三五）に師事します。

青田は、もともとは中学校教師として絵画を教えていました。しかし裂好きが高じ、木工・漆芸作家の黒田辰秋《くろだたつあき》（一九〇四－一九八二）らとともに上加茂民藝協団を設立。染織家としての道を歩みはじめました。

昭和初期といえば、化学染料が新時代の色としてもてはやされていた時代。その流れに逆らうように、青田は丹波の山奥に老婆を訪ね、糸つむぎや草木染《くさき》め、原始的な地機織《じばたおり》を習いました。そして屑繭《くずまゆ》を使ったくず織や、古着を裂いて織るぼろ織で最上の美を創り出そうとしたのです。そんな青田の仕事に祖母は感銘を受け、教えを乞いました。しかし当時の社会は、医家の妻であり、母である女性が仕事を続けることを許しませんでした。断腸の思いで染織の道を進むことを諦め、機を納屋の奥深くにしまい込んだのです。

機をみつけた母は、祖母に頼んで藍の糸をかけてもらい、初めて機に触れました。と同時に、画家を志していた長兄の元衛を通じ、芸術の眼も開かれていきます。この時の邂逅《かいこう》によってはからずも母は、染織と芸術という二つの世界の扉を叩くことになったのでした。

母を染織の道に導いた祖母はまた、私の色彩感覚に大きな影響を与えた人でもありました。

私が祖母の豊と身近に接するようになったのは一九五九（昭和三四）年、十歳になる春に近江八幡へ移り住んでからのことです。その四年ほど前、父と別れた母は、私と妹の潤子《じゅんこ》を東京の志村の祖父母に預け、単身で近江八幡に行っていました。身を立てる道として、かつて触れた機を思い出し、祖母の豊から染織の手ほどきを受けることに決めたのです。苦労しながらも何とか道が開けてきた母は、ようやく娘たちを呼び寄せることができたのでした。

私の記憶の中にある祖母は、藍の色と匂いとともにあります。

前にもお話ししましたが、祖母はいつも藍の着物を着ていました。時に祖母は、琵琶湖の湖畔にある藍を染める紺屋《こうや》に、幼い私を連れて行きました。私はある時、「どうしてきれいな色の着物を着ないの」と聞いたことがあります。すると、祖母は「平凡な目鼻立ちの自分には、藍の絣《かすり》しか似合わない」と答えたことを今でも鮮明に覚えています。祖母は、藍を日本人の精神をもっともよく表わす色だと考えていました。

藍しか着ないというところにも表われているように、祖母は一貫して自分の好き、嫌いがはっきりしていました。

たとえば、造花のような人工的な色は大嫌い。そうしたものがちょっとでも目に入るのが嫌でたまらないらしく、「どこか見えないところに持って行って」と言うほどでした。自然な花にしても色によって好き嫌いがあり、庭にどこからともなく嫌いな花の種が飛んできて咲くと、躊躇なく引き抜いていました。

ある時、祖母は濃い紫の鉄線《てっせん》と白のクレマチスを私に見せながら、

「同じようでも、鉄線とクレマチスは大違いや」

と言いました。祖母曰く「品が違う」とのこと。そして、座敷の床の間にある

大ぶりの白磁の壺に鉄線だけを活け、仕上げに山水画を掛けました。白磁のやわらかな白に、花の紫、そして葉の緑。幼心に、その色彩の見事な調和に見とれました。

呆気に取られている私を見ると、祖母は嬉しそうに鉄線の咲いている花畑に私を連れて行きました。そしてさまざまな花を前に、自分の好きな花について語ってくれました。豪華な西洋の花よりも、慎ましやかで日本的な和の花が総じて祖母の好みでした。

好きなものに対しては、手放しで感動し、惜しみない賛辞を送る祖母。その一面は、長く離れて暮らしていた母にも受け継がれています。

思い出すのは、時折、祖母の音頭取りで見に行った琵琶湖の夕陽です。夕陽が沈む頃合いを見計らって母も妹も、そしていとこたちも総出で小舟に乗り、琵琶湖に繰り出すのです。

比叡山に夕陽がかかり、湖面に光が溢れる様子は、まるで本当に西方浄土《さいほうじょうど》のような神々しい景色です。しかし子どもたちが感動して言葉を口にするよりも先に、決まって祖母と母のほうが感極まってしまい、涙を流し、夕陽を絶賛しはじめるのでした。

大人たちがあまりに感動していると、かえって子どもたちのほうは冷静になってしまうものです。感動屋の母に対し、いつもどこかしら一歩引いた眼で見る癖が私に身についたのは、そんな幼い頃の思い出が影響しているのかもしれません。

親子というものは、近すぎてなかなか素直になれないところがあります。しかも私から見ると、祖母も母も「感性の人」であり、好みがはっきりしているところも似ています。ですから、祖母と母は会って話すとぶつかることもしょっちゅうでした。

対して私と祖母は、母というワンクッションがあったおかげでしょう。素直にいろんなことを聞くことができました。しかも十歳になって突然現れた孫ですから、単なるおばあちゃんと孫というより、お互いに少し遠慮もありました。それだからこそ、かえって柳宗悦先生の教えや床の間のしつらえなどを面と向かって語ってくれたのではないかと今にして思います。

母が嵯峨《さが》に工房を構え、藍建《あいだ》てに苦闘していた時。私が唐突に「藍染めをやってみたい」と言ったのは、祖母の記憶が私の中に深く刻まれていたからに違いないないと振り返って思うのです。

（洋子）

創作の糧となった読書

祖母のふくみと母の洋子は、親子でありながら、同じ染織家としてある種のライバルのような関係でもあります。とくに母の場合は、祖母がすでにさまざまな仕事をしてきた中で同じ道に入ったわけですから、より自分の表現とは何かという独自性を考えなければいけない立場にありました。

ただ二人を見ていると、その関係はどちらかが一方的に教えるというより、双方向に影響し合ってきたことは確かです。

たとえば祖母が『源氏物語』、『古今和歌集』や『新古今和歌集』などの日本の古典文学における色彩の特徴について語れば、母がシュタイナーやゲーテなど西洋哲学における色彩論の勉強会に誘う。そんなふうにお互いに学んだことをフィードバックしながら、それぞれの仕事を深めてきました。そして、二人の間にはいつも「本」という存在がありました。

祖母の表現に、読書は大きな影響を与えてきました。その後押しをしたのは、陶芸家の富本憲吉《とみもとけんきち》（一八八六－一九六三）と交わしたある会話でした。『一色一生《いっしょくいっしょう》』の中で祖母自身が語っている有名なエピソードですが、どんな仕事にも共通して言えることだと思いますので、今一度紹介したいと思います。

祖母が染織をはじめてしばらく経ったある夏の終わり。富本の妻・一枝《かずえ》と私の曾祖母の豊が学生時代からの友人だったことから、富本家と親しくしていた祖母のもとに富本から一枚の葉書が届きました。そこには「ちょっと話したいことがあるから、京に出たついでに立ち寄ってほしい」と書いてありました。そんなことは初めてだったので、祖母は何事だろうと思いながら、おそるおそる富本家を訪ねたといいます。

先生はくつろいだ夏衣の姿で入って来られるなり、何の前ぶれもなし、こう話された。

「工芸の仕事をするものが陶器なら陶器、織物なら織物と、その事だけに一心になればそれでよいか、必ずゆきづまりが来る。何でもいい、何か別のことを勉強しなさい。その事がいいたかった。（後略）」　――志村ふくみ『一色一生』

そして富本は「あなたは何が好きか」と祖母に尋ねました。そこで祖母が、「本を読むことでしょうか」と答えると、「それだ！　きみ、本を読みなさい。文学を読みなさい」と勢いよく富本は言ったといいます。

富本の知り合いに、染織に一生懸命取り組んでいた人がいて、やっていくうちに技術はどんどん上達していった。しかしそれに反して、構図や色彩からは精彩が次第に失われていった。ひとつのことだけをやっていては精神が痩せ細るから、別の分野の勉強をして、養分を得なさい――。祖母に向かってそうアドバイスしたのです。

さらに富本は、若い頃に建築を勉強したことが今役に立っていると言い、「これから数学をやりたい」と語ったそうです。鉢や壺など曲線のある立体物に、幾何学文様が細かい筆でピシッと収まっている、富本の色絵磁器。それらの作品には、まさに建築や数学からの学びが生かされています。

祖母はそんな富本の言葉を胸に、これまで仕事の合間に本を熱心に読んできました。私のもっとも幼い時の祖母との思い出も、本とともにあります。

小学校に上がるより前、四歳くらいの時だったでしょうか。祖母の家に行くと、いつも寝る前に絵本を読んでくれました。

よく覚えているのは、『はらぺこあおむし』で有名なエリック・カールの作品、レオ・レオニの『フレデリック』、それにオランダの童話作家ヴィル・ヒュイゲンと人気画家リーン・ポールトフリートによる「ノーム」という小人のシリーズ。安野《あんの》光雅《みつまさ》さんの手がけた作品も好きでした。やはり鮮やかな色彩に富んだ絵本が祖母の好みだったのでしょう。

そして私に読み聞かせながら、なぜか決まって真っ先に眠りに落ちるのは祖母でした。いつの間にか寝入ってしまう祖母の姿が、幼い私にはおもしろくてしかたありませんでした。その寝顔は、絵本が教えてくれた色彩の豊かさ、読書の楽しみとともに、今も私の心の中に残っています。

（昌司）

人と交わり、ものをつくる

私が祖母のふくみと一緒に住みはじめた頃は、たしか祖母はまだ五十三歳でした。人間国宝に認定されるのはそれから十三年後のことですから、今ほど広く名が知られているわけでもなく、人の出入りもさほどありませんでした。

祖母と暮らしはじめて一年ほど経った時のことでしょうか。ある日突然、機小《はたご》屋《や》ができて、母の洋子が機を織りはじめたのを覚えています。シュタイナー研究の第一人者である高橋巖《たかはしいわお》先生の講義のテープを聴きながら、機を織っていた母の姿が記憶に残っています。

それからは祖母と工房のお弟子さんたち、そこに母も加わって、毎日が制作という牧歌的な日々でした。

晴れた日には、染めた糸を畑に持って行っていっせいに干したり、雨の日には、みんなで糸巻をしたり、経糸《たていと》を機にかけるために本数や長さを整える「整経《せいけい》」をしたりしていました。春になれば、染料にする「カラスノエンドウ」「ノニンジン」などの野草を摘みに行く手伝いもしていました。

子ども心に楽しかったのは、木灰《きばい》を得るための焚火です。木灰は水に混ぜ、その上澄みを糸染めの際の媒染《ばいせん》に使います。今では野焼きは原則的に禁止されていますが、当時はまだ周囲に住宅も少なく、もらってきた雑木を畑で燃やし、自分たちで灰をつくっていたのです。木々がパチパチと音を立てながら、揺らめく炎を上げているさまを見ると、不思議とワクワクしたことを思い出します。

一日の作業が終わると、家族みんなで夕食を囲みます。我が家では食事が終わると、いったん食卓を片付けてから、そこにまたお茶とたくさんのお菓子が並びます。そしてお茶を飲み、お菓子をつまみながら、今日あった事や見聞きしたこと、読んだ本のことなど四方山《よもやま》話をするのが常でした。その席に、お弟子さんや客人が混ざることもしばしばでした。

志村家の特徴の一つに、「千客万来」というのがあると思っています。

祖母は孤高の作家というより、人一倍好奇心が旺盛で、いつも誰かに話しかけ、若い人の間にもどんどん入っていくタイプです。母もその血を受け継ぎ、社交上手です。私はというと、かつてはそれほど社交好きではありませんでしたが、今では知らない人に会って刺激を受けるのが大好きになりました。

嵯峨の家は一度建て替えていますが、その際に多くの人が集まれるようにとリビングを広く設計しました。誰でも気軽に家に立ち寄ってもらい、お茶や食事をともにする。同じ染織に携わっている人はもちろん、異分野の人も大歓迎です。人と出会い、未知のことに触れ、それを知るために本を手に取り、そしてまた人に会う。そんな循環によって世界を広げ、深めてきたところがあると思います。

我が家の社交的な面は、もとを辿れば、曾祖母の豊に行き着きます。


豊が柳宗悦に出会ったのは、柳が民藝の調査で全国各地を巡っていた際、一九二五（大正一四）年に近江八幡に立ち寄ったことが縁でした。その後、民藝運動のメンバーであった若き日の富本憲吉や黒田辰秋、陶芸家の河井寛次郎《かわいかんじろう》（一八九〇―一九六六）など、後から考えてみれば錚々《そうそう》たる人たちが小野家を訪れるようになりました。しかも彼らが家に来ると、豊は一週間ほど家に泊め、帰りは近江八幡の駅まで見送りに行っていたといいます。自分の好きな人たちを呼び、もてなすことに喜びを見出す中で、彼女の世界は自然と広がっていったのだろうと想像します。

工芸というものを考える時、それは自ずと共同体を志向するものなのかもしれません。

かつて染織の仕事は、糸のつむぎ手がいて、染め物屋がいて、そして織り手がいるという分業で成り立っていた時代があります。しかし近代化が進み、産業としての染織が立ち行かなくなる中、祖母のように作家として工芸に携わる人が増えていきました。

ただ、祖母が染織で身を立てることができたのは、単に個人作家として有名になったからということではないと思います。豊と別れて嵯峨に移り住んだ際に初めからお弟子さんをとり、工房を構えたことが大きく寄与したことは間違いありません。染料を採取することにしても、炊き出すにしても、一人でやるのは限界があるからです。今となっては遠隔地から材料を買って取り寄せることもできますが、それでも一人で全部やるとなると仕事の量は限られてしまうでしょう。

曾祖母の豊から代々受け継がれてきた社交性。それは今の時代において、工芸を生業として成り立たせるための一つの鍵になるのではないでしょうか。（昌司）

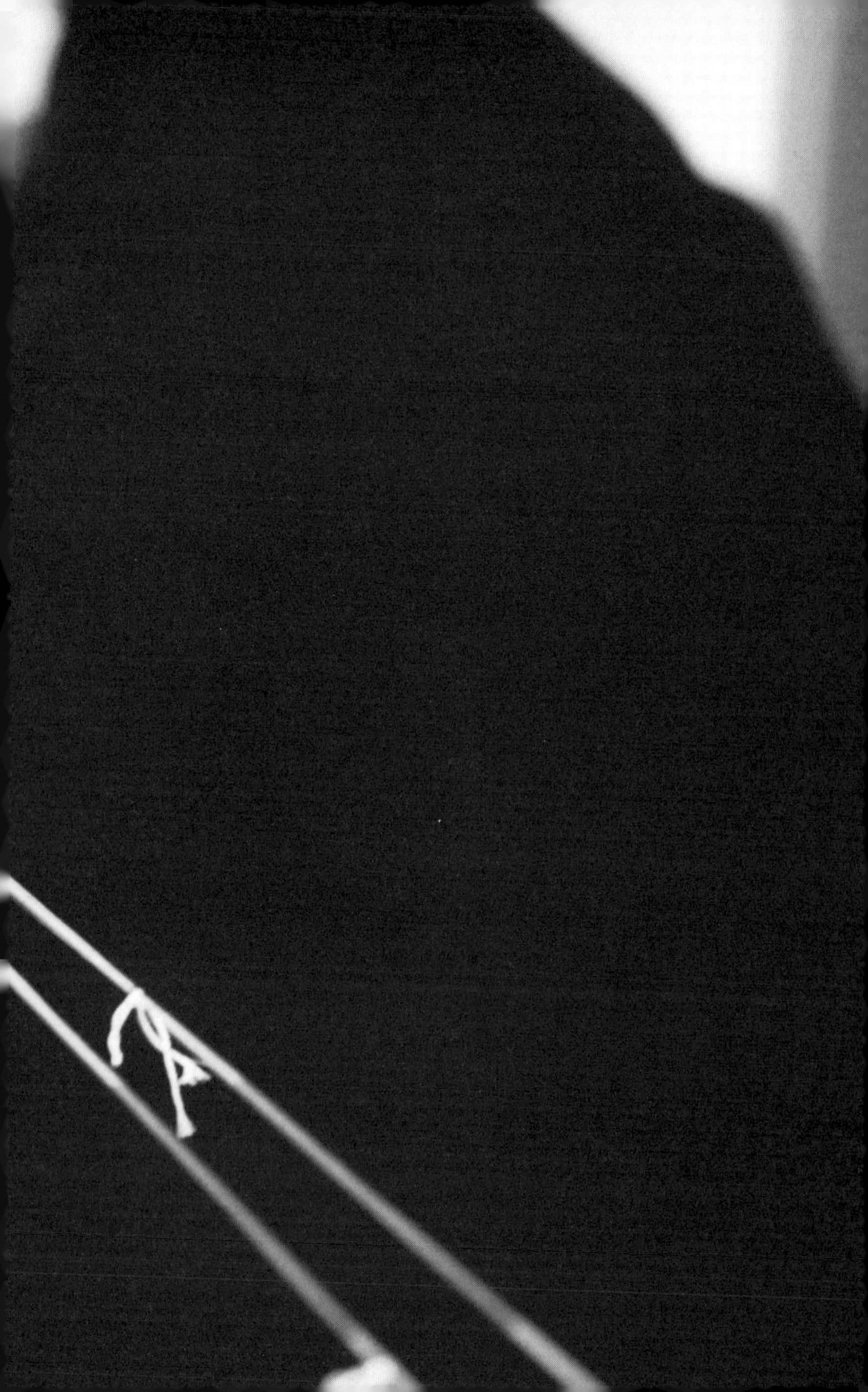

志村家と教育

私には、長男、長女、次男の三人の子どもがいます。幼い頃はみな興味半分で、染織の手伝いをしていましたが、私も母ふくみと同様、子どもたちにこの仕事を継いでもらおうなどということは一切考えていませんでした。

しかし、人生には思いもかけぬことが起こるものです。娘ならともかく、よりによって息子二人がこの仕事に携わることになるとは夢にも思いませんでした。

最初にこの仕事をやりたいと言ったのは、次男の宏《ひろ》です。彼はもともと山奥で農業をやっていたため、植物の知識があり、最初は染めの仕事から入っていきました。今では織もやり、畑でいろいろな染料を育てたり、長野で養蚕を習ったりして、アルスシムラの講師として活躍しています。

そんな実践派の次男に対し、長男の昌司は理論派で、真逆のタイプです。彼は大学院で哲学の研究をしばらく続けた後、仲間と一緒に大学進学のための私塾を起ち上げ、十年ほど運営をしていました。その塾は単に国語や英語、数学などの教科を教えるのではなく、寝食までともにするような一風変わった塾でした。それだけにアルスシムラを設立するとなった時、長男は教育という面から興味を持ったという経緯がありました。そして今では、アルスシムラの運営、講義から「アトリエシムラ（atelier shimura）」というブランドの経営まで、幅広く手がけています。

アルスシムラをはじめた時、まわりからは「なぜそんな大変なことをするのか」と散々言われました。「いろんなことに手を出さずに、一生懸命いい作品をつくっていればいい」。面と向かって、そんなふうに言う人もありました。

でも私たちにとって、染織から学んだこと——植物の生命、織物の原理というもののすばらしさを広く世に伝えたいと思うのは、ごく自然なことでした。そこには、人間と自然がどう交わっていくかという大切な学びがあるからです。

では、それをいったいどうしたら次世代に伝えていけるだろうか。そう考える中で、次第に教育こそがその最良の手段ではないか、という気持ちに向かっていったのです。そして、その思いは二〇一一（平成二三）年の東日本大震災を経て、さらに強く、切実になっていきました。

思い起こせば、祖母の豊も教育に燃えていた時期がありました。

私が生まれるずっと前、大正時代の終わりのことです。詰め込み型の画一的な教育が問題となる中、大正新教育運動が起こり、日本初の女性記者・羽仁《はに》もと子（一八七三―一九五七）が自由学園を、教育者の西村伊作《にしむらいさく》（一八八四―一九六三）が文化学院をつくるなど、自主性、創造性を重んじる学校が誕生していました。ちなみに、母ふくみは十六歳の時に文化学院に転校して学んでいます。

そうした時代にあって祖母は、子どもたちに自由な教育を受けさせたいと、東京の成城学園から谷騰《たにのぼる》（一八九二―一九三八）という一人の教師を招きます。そして一九二六（大正一五）年、滋賀県唯一の私立小学校である昭和学園を設立します。

授業では学習だけでなく、植物の栽培や家畜の飼育、陶芸や版画、彫塑《ちょうそ》、染色などの芸術教育も行いました。母の兄弟はみなこの学園で学んでいます。残念ながら谷の急逝によって、学校は十二年ほどで廃校となりますが、祖母はそれまで学園の運営にかなり心血を注いでいたようです。

そんな祖母の若き日の試みが、どこか私の念頭にあったのでしょう。祖母から母へと受け継がれてきた染織の仕事を広く伝えるためには、工房を閉ざしていてはいけない。社会に工房を開放し、学校という開かれた場をつくろうと考えたのです。

私は、染めて織ることだけが表現だとは思っていません。もちろん染織が根幹にあることは確かですが、工芸が衰退していく今の世の中にあって、私一人が工房に籠って織っていればいいかといえば、そうではないと思うのです。染織から得たことを広く伝えること、そして社会に一石を投じること、そうした生き方すべてが芸術表現であり、私たちがやっていることは社会芸術なのだと考えています。

今のところ、大勢の生徒に恵まれ、アトリエシムラを支える人材も育ってきています。門戸はどんどん社会に向けて開かれていっているところです。

ただ開けば開くほど、これまで大切に守ってきたことが脅かされる危険性は高くなるでしょう。窓を開ければ、いろいろなものが入ってくるのは宿命だからです。しかしそうだとしても、閉ざすことよりも、開くことの可能性に私たちは賭けたいのです。たとえ困難なことが起きたとしても、そのつどみんなで考え、苦労しながら乗り越えていけばいいのですから。

（洋子）

「妣」という存在

これまで志村家のルーツ、そして豊、ふくみ、洋子という三代の母から受け継がれてきたものについて語ってきましたが、本章の最後では、もっと大きな視点で命の源である「妣」という存在について語っておきたいと思います。それは「沖宮《おきのみや》」の重要なテーマでもあるからです。

「沖宮」の原作者である石牟礼道子《いしむれみちこ》さんは、祖母ふくみとの往復書簡の中で次のように書いています。

「沖宮」の構想は御著『母なる色』を手にしていてごく自然に生まれました。四郎とあやの幼ない道行き場面。妣《はは》たちの居る海底の宮に向かって、緋の衣を着たいたいけな神世の姫が海底の華となって四郎に手をとられてゆく。この場面の緋の色はどうあっても志村様にお願い申し上げたく念じてまいりました。

――志村ふくみ、石牟礼道子『遺言　対談と往復書簡』

『母なる色』とは、祖母が一九九九（平成一一）年に出版した随筆集のことです。同書では、生命との深いつながりにおいて出現する植物の色のことを「母なる色」と呼びました。そして、その色に秘められた自然界の仕組みの一端を、自らの体験やゲーテやシュタイナーの色彩論、平安王朝の文学、仏画などさまざまな角度から解き明かそうと試みています。

石牟礼さんは、植物の命がもたらす「母なる色」に呼応するように、「妣たちの居る海底の宮＝沖宮」の構想を固めていきました。妣とは「亡き母」を意味し、「妣の国」といえば一般に、古代の日本人が思い描いた常世《とこよ》（黄泉《よみ》の国）を指します。それは、海の彼方もしくは海底にあると考えられていました。

石牟礼さんは、「沖宮」を妣たち、すなわち無数の女性たちの魂の集合体として捉えていました。

その話を聞き、私の頭の中では「群魂《ぐんこん》」という言葉が思い浮かびました。犬や猫など、人間以外の動物は個体の意識がなく、種としての群れの魂があるという考え方で、その意味で言うと、「沖宮」は女性の群魂です。あるいは、宇宙の子宮のような存在と表現してもいいかもしれません。そこは息絶えた人の魂が還るところであり、また新しい命が芽生えるところでもあります。つまり滅びの中から、新たな生命がよみがえると石牟礼さんは考え、そこに一縷《いちる》の希望を託したのです。

その死生観は、何も突飛なものではないでしょう。かつて日本の民間信仰では、祖先の霊魂を奉る「祖霊信仰《それいしんこう》」が根幹を成していました。祖霊は、ある特定の人物の霊を指すのではなく、先祖代々の霊の集合体です。祖霊は海や山の向こうにいて、お正月やお盆に帰ってくるとされていました。それは裏を返せば、自分が死んだ後には、海や山の向こうに行くのだと考えていたということです。

しかし、近代化が進み、宗教が科学に取って代わられる中で、いつしか私たちの魂は帰るべき故郷を失ってしまったと言えます。と同時に、海や山といった自然に対する畏敬の念も薄れ、それがひいては現代社会の脆弱さ、現代人の生きづらさにつながっていると言ったら言いすぎでしょうか。

「沖宮」にいる妣たちのことを思うことは、私たちの命の深い、深い根源に思いをはせることです。それはきっと、私たちの「生」に何らかの力を与えてくれるのではないか。そう思いながら、これからも「沖宮」が問いかけるものを考え続けていくつもりでいます。

（昌司）

三章　にほ（日本）

にほん

（日本）

志村ふくみ

西には小倉山《おぐらやま》、隣に愛宕山《あたごやま》、遠く東には比叡山《ひえいざん》。京都・嵯峨《さが》に住みついて半世紀、朝に夕に、私は嵯峨の山々をながめて仕事をしてきました。

山々には、時に霞《かすみ》がたなびき、霧が立ち、時雨《しぐれ》が降り注ぎます。その潤《うるお》いは、京都の風景に繊細微妙な色彩をもたらしてきました。幾重にもかさなる山脈《やまなみ》は、遠くから近づくにしたがい、徐々に淡い藍鼠《あいねず》から、濃い藍緑《らんりょく》までやわらかくぼかされ、まるで繧繝《うんげん》模様さながらです。それは、京都一帯に垂れこめている湿度と移ろいによって醸成されてきた、暈《ぼか》しの美です。

風土の違いはあれ、北から南に細く伸びる日本列島はまわりを海にかこまれ、大地も、植物も、すべてが潤っています。その千変万化《せんぺんばんか》の移ろいの中からおのずと日本的色彩は生まれてきました。そして歌に、物語に、染織をはじめとした手仕事に深く浸透し、文化をも豊かに潤わせてきました。日本の文化は、湿潤《しつじゅん》の文化なのです。

しかし今、このかけがえのない国土は危機に瀕《ひん》しています。異常としか思えない自然災害がたびたび起こるのは、思うがままに自然を消費し、破壊してきた人間への報いといえるでしょう。人間が天に唾をかけたから、今、その唾を受けているのです。そして人間の根源的な生命の息吹《いぶき》が枯れかかっているからこそ、自然がその生命力を我々の眼前に見せつけているのです。しかし、その自然の警告を受けとめる現代人がはたしてどれほどいるかは疑問です。

「では、私たちはこれからどうしたらいいのでしょうか」

そんなふうに若い人が、私に尋ねることがあります。しかし、そのような途方もない問いに一体、誰が答えられるというのでしょう。現代の人々は具体的な答えをすぐに求めようとしますが、そう簡単に答えが得られるはずもありません。

道が開けるとすれば、今に生きる一人ひとりが切実に深く悩み、思考するよりほかにないのではないでしょうか。

歴史や芸術に死に物狂いで学び、ひたすらに考えてください。行きづまっては考え、立ち止まっては考え、どうかその歩みをとめないでください。

『にほん』　志村宏

流れる水は、静寂に響く過去の音
水は、時を刻む

その水はいつかの雨
その水はいつかの海

水は永遠を刻む
木は露を落とし、草の恵みとなる
山は川をつくり、海となる

海の水は天への入り口
死の定めではなく、再生への誘い
水は、終わりも始まりもない

私は1000年前にその水を飲み
10000年前にも飲んでいた
そして今再び私に入る

水の中に今は亡き私がいた
水の中に愛するものたちがいた
水の中に地球がいる

東洋の色、西洋の色

二〇一七（平成二九）年に、京都国立近代美術館で「技を極める――ヴァン クリーフ&アーペル　ハイジュエリーと日本の工芸」という展覧会が開かれました。「ヴァン クリーフ&アーペル」は、パリで一九〇六年に創業して以来、高い技術でもって世界的に評価されてきたハイブランドジュエリーの老舗です。同展では、その選りすぐりのコレクションと、匠の技によって生まれた七宝《しっぽう》や陶芸、漆芸、金工といった日本の伝統工芸が並べて展示され、東西の超絶技巧の競演として話題を呼びました。

その出品作の中に母ふくみの着物も選ばれ、会期の前半では「光の湖」（一九九一年）、後期では「秋霞《あきがすみ》」（一九五九年）が展示されました。そこで展覧会に足を運び、帰って報告がてら図録を母に見せました。

ページをめくってすぐさま、「負けたわ」と母。エメラルドやサファイア、ルビーなど、吸い込まれるかのようなクリアな輝きを放つ宝石の数々。思わずこぼれた母の一言には、その一点の曇りもない鮮やかな色に対する感嘆が込められていました。

ヨーロッパから中東に至る地域と、日本との色彩感覚の違い。それは一つに、鉱物と植物の色の違いに由来しているのでしょう。

西洋は「石の文化」とよく言われます。その建物の装飾に使われているのは、目の覚めるようなグリーンやブルーなどカラフルなタイル。陶器でできたタイルの色を生み出す源、すなわち釉薬《ゆうやく》をつくるのに欠かせないのが鉱物です。

鉱物は何百万年、何千万年という時間を経て凝縮された、揺るぎのないもの。先の宝石のように混じりけのない、純度の高い鉱物の色は、見る者に有無を言わさない圧倒的な美しさがあります。

対して、日本は「木の文化」と言われます。建物のみならず、障子や襖などの建具に至るまで、木材や紙といった植物由来のものが随所に使われています。

植物は、いずれは枯れて消えてしまうはかないもの。植物の色には濃淡があり、ノイズがあります。しかしそうした揺らぎや雑味があるからこそ、情感も生まれ、見る者に「もののあはれ」を誘うのです。

そして東西の色彩感覚の違いにはもう一つ、光の捉え方が大きく影響していると私は考えています。

キリストが「われは世の光である」と語ったように、光は信仰の象徴として捉えられています。ゆえに教会建築では、天上高く設計された円形ドームや、壁のステンドグラスからふんだんに光が取り込まれ、光あふれる空間がつくられています。

対して仏教建築は、軒が深く、堂内は闇に満ちています。そして暗闇の奥深くにあって、本尊の仏像だけがまばゆい黄金の輝きを放っています。暗闇と光が対照的に用いられることによって、そこに深遠なる空間が出現するのです。

かつて谷崎潤一郎は、日本の美的感覚を論じた『陰翳礼讃《いんえいらいさん》』で「暗い部屋に住むことを餘儀なくされたわれ〳〵の先祖は、いつしか陰翳のうちに美を発見し、やがては美の目的に添うように陰翳を利用するに至った」と綴《つづ》ったように、陰の濃淡さえも見分ける眼を日本人は培ってきました。その一端は、水墨画の世界や、「四十八茶百鼠《しじゅうはっちゃひゃくねずみ》」という色の言葉に表われています。

「四十八茶百鼠」とは、茶色や鼠色に無数の色があることを意味する言葉で、母の随筆の中でもこれまでしばしば取り上げられています。簡単に説明すると、江戸時代中頃、贅沢を禁じる奢侈《しゃし》禁止《きんし》令《れい》がたびたび出される中で茶色や灰色といった地味な色合いが流行し、それらの色を微妙に染め分けるうち、数えきれないほどのバリエーションがつくり出されたことから生まれた言葉です。

私自身の興味も最近では、色そのものより、色がつくり出す陰影のほうに移ってきています。光が当たっていないほうの陰の部分、そして月に映る影、水に映る影。色の陰影も一様ではありません。色の陰影を織によって表現することができたなら、また一つ、日本的感性を染織によってすくいあげることができるのではないかと考えています。

（洋子）

藍という日本の色

日本人が古くから愛してきた藍のことを「ジャパンブルー」と呼んだのは、明治の初めに日本政府に請われて来日した、イギリス人化学者のロバート・W・アトキンソン（一八五〇―一九二九）でした。

一八九〇（明治二三）年に来日し、日本の文化をこよなく愛した作家ラフカディオ・ハーン（一八五〇―一九〇四）も、『神々の国の首都』に収録されている「東洋の土を踏んだ日」と題した随筆で「青い屋根の下の家も小さく、青いのれんを下げた店も小さく、青い着物を着て笑っている人々も小さいのだった」と綴っています。このように、幕末から明治初期にかけて来日した外国人たちは、日本人が暮らしの至るところで用いていた藍の美しさをたくさん書き残しています。

作家で、石牟礼道子《いしむれみちこ》さんの本の編集者としても知られる渡辺京二《わたなべきょうじ》さんの著作に『逝きし世の面影』という、日本を訪れた外国人たちの記録から、かつての日本の姿を生き生きと浮かび上がらせた代表作があります。私は渡辺さんのファンで全作品を読んでいますが、中でも『逝きし世の面影』はとりわけ好きで、あまりに感銘を受け、同じタイトルをつけた作品を何点か制作したことがあるほどです。そんな渡辺さんの著作で読んだと記憶していますが、藍について次のような藍についての記述が印象に残っています。

何か月も航海をして、ようやく日本に辿りついた時。陸から日本の小舟が出てきて、縄で岸壁につないでくれる。その時の船乗りたちがみな藍の着物をまとい、頭には藍のねじり鉢巻きをして、身につけているものがすべて藍色でとてもきれいだった、という描写です。

藍は、当時の人々にとって定番の仕事着だったのでしょう。想像するに、その光景はさぞかし美しかっただろうとため息が出ます。しかし、それから百五十年の月日が流れ、かつての美しい光景は、もはやこの国から失われてしまいました。

この頃、私たちの工房や学校では藍建《あいだ》てに失敗する、ということはほぼなくなりました。その理由の一つに、月の満ち欠けと連動して仕込むという手法を見つけたということはありますが、それとは別に、灰汁《あく》の原料となる灰の質が安定してきたという理由があります。

お釜も焚《た》き、お風呂も焚いていた時代、灰は豊富にありました。しかし、私たちが藍建てをはじめた頃は、すでにそういう火のある暮らしは過去のものになっていました。そこで近所から雑木をなんとかかき集め、畑で燃やし、自分たちで灰をつくっていたのです。すると、時々その雑木の中にビニールやたばこなどが捨てられていることがありました。不純物があると藍はうまく建ってくれないため、失敗することもしばしば起きていたのです。

しかしその後、環境的に木を燃やすことができなくなり、灰を業者から購入するようになりました。純粋な灰を得る苦労から解放されて助かっている面はあるのですが、その分、確実に失われたものがあります。

かつて自分たちで灰をつくっていた頃は、見事に藍が建つ時が三回に一回あるかどうかでしたが、その一回の藍は、私たちが今、毎回順調に出している色より数段美しいものでした。その時の灰と藍の相性、気候条件、月の運行などさまざまな偶然が重なって、思いもかけない見事な色が現れるのです。

灰汁とは、化学的にいえばアルカリ溶液です。ですから早い話、化学的に生成された苛性《かせい》ソーダを使えば、藍は建つには建ちます。しかしその色に、木灰《きばい》の灰汁から得られるような雑味はなく、単調なものです。それはやはり、命と命の出会い――自然がバチッと符合したというような、ダイナミックな出会いが起きないからに違いありません。

正倉院《しょうそういん》に、七五二（天平勝宝四）年の東大寺大仏開眼の儀式で用いられた「縹縷《はなだのる》」という宝物があります。長さ二百メートルにも及ぶ、藍染めの絹紐の一方を大仏の瞳を描き入れる際に使われた筆の先に結びつけ、もう一方を聖武《しょうむ》天皇、光明《こうみょう》皇后をはじめ、一般民衆までもが手にして、大仏との結縁《けちえん》を願いました。

私は正倉院文書研究会に入り、縹縷を見る機会に恵まれました。それは、千二百年以上もの時が経つにもかかわらず、まったくと言っていいほど色褪《いろあ》せておらず、見事な藍色でした。藍の命は厳然としてまだそこに存在している、と確信せずにはいられないほど青々としていたのです。

今の私たちが建てている藍が、はたして同じように千年もの時を超えることができると言えるでしょうか。その問いに自信を持って「イエス」と答えられるわけがありません。

天平の世は水も光も木もすべてが力強く、今とはまったく条件が異なっていたことでしょう。しかし、日本人の暮らしや信仰と分かち難く結びついてきた藍の文化を今、ここで手放してはならない。私たちが昔ながらの藍建てを続ける理由は、近代化以後の日本に対するささやかな抵抗でもあるのです。

（洋子）

日本の手仕事の未来

かつてつむぎ糸は、生糸《きいと》より一段下に見られていた存在でした。

生糸は、蚕《かいこ》の繭《まゆ》から引き出した繭糸を数本撚《よ》り合わせ、一本の糸にしたものです。一方、つむぎ糸は、二、三個の繭がくっついた状態の繭、玉繭《たままゆ》や屑繭《くずまゆ》などと呼ばれる繭を開いて真綿にし、手でつむいだものです。ところどころに節《ふし》があるため、生糸よりも劣ったものとされていたのです。そこで養蚕農家の人たちは、つむぎ糸を外には出さずにストックしておいて、自分たちの野良着などをつくっていました。

しかし昨今、つむぎ糸は非常に高価で貴重なものになってしまいました。日本では、もはや個人レベルでしかつむぎ糸はつくられていません。なぜなら、つむぎ糸は手作業でしかつくれないからです。

手でつむぐのに時間がかかるので、一度にたくさんはできません。ある程度量を生産しようとすると人件費がかかって値段が高くなってしまい、わりに合わないからです。

志村ふくみ「秋霞《あきがすみ》」　1958年　藍

初めて織った着物作品。第5回日本伝統工芸展奨励賞を受賞。つなぎ糸を使ったつむぎ織りは、ふくみの原点となった

志村ふくみ「月の出」
1985年　藍・刈安《かりやす》・渋木《しぶき》

琵琶湖をモチーフにしたシリーズの一枚。満月に照らされ、揺らめき輝く湖面の情景を、暈《ぼか》しの技法で切り取った

志村ふくみ「風露《ふうろ》」
2000年　紅花《べにばな》・藍・刈安・紫根《しこん》

韓国の継ぎ布「ポジャギ」に触発されて制作されたもの。透けた生絹《すずし》の小裂《こぎれ》を縫いつないでつくられている

志村洋子「聖グレゴリウス」
2002年　藍・玉葱

フレスコ画に描かれた東方正教会の聖人の衣装に着想を得て制作。伝統的な絣で、上下で異なる大胆な意匠を表現した

志村洋子「ソラリス」
2018年　藍

ロシア（ソ連時代）の映画監督アンドレイ・タルコフスキーの『惑星ソラリス』（1972年）にインスピレーションを受けて織った作品

あやの長絹「紅扇《べにおうぎ》」　2018年　紅花
四郎の水衣「水瑠璃《みずるり》」　2018年　臭木《くさぎ》

石牟礼道子氏の新作能「沖宮《おきのみや》」ために制作された能衣裳。ふくみ、洋子、都機《つき》工房の全員で織りあげた

私たちのところでも、自分たちでつむいだものを使う以外は、中国産を使わざるを得ない状況です。それも次第に値段が上がっており、いずれはさらに人件費の安いほかのアジアの国に生産が移っていくのではないかと推測しています。

かろうじて生糸は国産を使っていますが、それも将来的にはむずかしくなるでしょう。養蚕農家は、一九二九（昭和四）年のピーク時には二百二十一万戸あったのが、現在は三百戸程度にまでに減っています。

繭の生産量が少ないため、日本ではいいものも、悪いものも基本的にはすべて使うといいます。しかし生産量の多いブラジルや中国では、最高品質の6Aを筆頭に5Aから1Aというように等級に分けています。等級だけで糸の質が決まるわけではありませんが、ある意味においては、ブラジル産や中国産の最高級の生糸は、日本のものより良質ということになります。

質ということだけを考えれば、国産にこだわる必要はありません。「国産」という響きだけでなびく人もいるとは思いますが、そうしたマーケティング的な意味を除けば、はたして国産の生糸を使い続けるのがいいのかという問題がありま す。実際、うちでも国産にすべきかどうか、これまでに何度も議論してきました。

今のところは同じ風土で育った草木と繭、つまり日本で採れる植物染料と、日本の蚕の糸は相性がいいという理由で、国産を使い続けています。ただ、だからといって漫然と国産を使い続けるのではなく、随時生糸の質を見極めながら、対応していかなければならないと考えています。

このように今は、手仕事にとってとても厳しい時代です。

植物染料にしても、紫根《しこん》という紫色を出すための紫草《むらさき》の根、それに藍の蒅《すくも》、「沖宮《おきのみや》」の四郎の衣装を染めた臭木《くさぎ》にしても、どんどん貴重なものになっています。先にも言ったように機《はた》をつくる職人も減っていますし、藍を建てるための深さが一メートル近くある焼きものの大甕も入手しにくくなっています。

工芸作家がいくらがんばったとしても、材料や道具を供給する基盤がしっかりしていないと、手仕事は存続しません。今は、土台が崩れていっている時代なのです。ですから私たちのところでは、畑をつくって染料を育て、機道具も自分たちで制作したり修理できるようにして、何かあっても仕事が続けられるように準備しています。その上で、染織に携わる人材も育成しようとしているのです。

そしてもう一つ。つくられたものに価値を見出してお金を払い、使ってくれる人も増やしていかなければなりません。つくり手たちが経済的に自立していけないのであれば、立ち行かなくなるのは時間の問題だからです。

上流から下流まで、すべての段階において、人を育てていかなければいけない。それが、手仕事の紛れもない現実であり、そこをすべてやろうという無謀な試みに、私たちは船出したばかりなのです。

（昌司）

着物文化のその先へ

私たちにとって使い手を増やしていくということでは、第一にもっと着物文化の良さを発信することだと考えています。

着物文化は、日本が近代化以降、あっけなく手放してしまったものの一つです。今、着物をふだんから着る人は伝統芸能に従事している人、お茶やお花を習っている人、それに一部の着物愛好家に限られるでしょう。

着物をつくっている身としては、もっと着物を気軽に着てほしいという思いはあります。着物はまず、着る人の体型を選ばないという良さがあります。また、着て行く場に合わせて帯や小物などを変え、一着の着物でもさまざまに着こなすことができます。そして、何よりも一着持てば、それが子どもの時代、孫の時代と何代にもわたって引き継いでいけるものでもあります。

その一方で、着物を着るのは面倒だ、ハードルが高いと思う人の気持ちもわかります。洋服にくらべ一着が高額ですし、帯にはじまり、草履や足袋まで上から下まで一式揃えるだけでも大変です。たとえ全部揃えたとしても、自分で着つけができなければ気軽に着ることはできないでしょうし、手入れの手間もかかります。

実際、ふだんから着物に接している私でさえも、日常的には着物を着ていません。車や電車の乗り降りなどを考えると、やはり現代生活に着物は不便であると感じてしまうのが正直なところです。

では、着物文化がこのまま廃《すた》れていってしまっていいのかというと、やはりそれは日本の豊かな文化をむざむざと捨て去ることになってしまうと思います。

着物文化は、日本文化の骨格を成してきたものです。着物文化が消えるということは、単に着物という民族衣装が日本という国からなくなることだけを示しているのではありません。着物文化が育んできたさまざまなものが失われるということです。

まず、着物にまつわる言葉が消えます。それは色の言葉とも密接なつながりがあるものです。さらには、和歌や短歌といった文学表現の幅をも狭めてしまうでしょう。なぜなら、平安貴族が「袖振《そでふ》る」との一言で、別れを惜しむ気持ちを表現したように、日本語には着物を身につけていることを前提とした立ち居振る舞いに、その時々の心情を詠み込んできたからです。

言葉だけではありません。先ほど述べたように着物を支えてきた絹織物の文化、それは養蚕や機道具をつくる技術など、日本の工芸が長い年月をかけて培ってきた技にも及びます。裾野にまで及ぶ影響は計り知れないものがあるのです。

ただ、だからといって伝統を守ろうとするだけでいいとは思っていません。かつて松尾芭蕉《まつおばしょう》は、『おくのほそ道』の旅の中で「不易流行《ふえきりゅうこう》」という俳諧理念を見出しましたが、同じように着物も時代に合わせた感性を取り入れつつ、本質は守っていかなければなりません。そこがとても大変です。

日常的に着てもらうことはむずかしいとしても、非日常でどのように喜びを持って着てもらえるように価値を提示するのか。それと同時に、幅一尺（約三十八センチ）という制約のある、機で織った裂《きれ》を、いかに着物以外の形に応用するかも考えていかなければならないと思っています。

そこで私たちはここ数年、さまざまな試みに取り組んできました。

二〇一四（平成二六）年に、糸井《いとい》重里《しげさと》さんが主宰するウェブサイト『ほぼ日刊イトイ新聞』が構える東京・青山のお店「ＴＯＢＩＣＨＩ」で、「はじめての志村ふくみ。着物から小裂から。」という展覧会を行いました。その時は、小裂《こぎれ》の額装など着物以外のものを販売しました。また翌年には、ファッションデザイナーの皆川明《みながわあきら》さんによるファッションブランド「ミナ ペルホネン」とコラボレーションして、「シムラの着物 ミナの帯」展を、同じく「ＴＯＢＩＣＨＩ」で開催しました。

二〇一六年に、独自に染織ブランド「アトリエシムラ（atelier shimura）」を起ち上げたのも、大きな取り組みの一つです。学校の卒業生たちを中心とした新しい工房「みどり工房」を設立し、着物や和小物、ストールなどの制作、販売を手がけています。また学びの会として、芸術や文化に関するさまざまな講演会やトークショー、読書会も行っています。今後「自然と芸術を日常に取り入れる」をテーマに、植物の色彩世界、日本の染織文化の可能性を探っていくつもりです。

しかしながら、伝統的に続いてきたものの型を打ち破るのは、そう簡単なことではありません。時代に合った新しい裂の使い方を突き詰めて考えれば考えるほど、いかに着物という型に無駄がなく、機能的にもデザイン的にも極めて洗練されているかということを思い知らされるばかりです。着物というのは、現時点での究極の形なのです。

そこが、じつは今の着物業界の限界かもしれません。時代を超え、着物の型を打ち破る新たな才能は、もしかしたら最先端のファッションの世界から生まれてくるのかもしれないと思うことがあります。

いずれにしても、私たちができることは、第一に着物を着る喜びを伝えること。そして一尺の裂をどう生かすかという知恵を絞ること。今は、その試行錯誤を続けていくよりほかはないのだと思っています。

（昌司）

戌
愛宕大神守護攸

心願成就
身体健全

色と信仰

以前、ドイツ文学を研究している先生と話した時のことです。私たちのような草木染めの仕事を、もし十五世紀のヨーロッパで行っていたら、まず間違いなく魔女裁判で殺されているだろうと言われました。

中世から近世初期のヨーロッパで行われた、魔女狩りとも呼ばれる悪名高き宗教裁判。魔女とみなされた大勢（男性も含む）の命を、拷問や火あぶりなどの処刑によって奪った集団的な迫害行為です。魔女の実態や迫害の全容は研究者によって意見が分かれるところですが、薬草などを扱う老婆は、まずその標的になったと言われています。

確かに薬草と植物染料はほぼ重なっていますし、色を染め出すさまは魔法を操っているように見えなくもありません。何せ、木の根や茎をぐつぐつと煮出し、そこに鉱物などの媒染剤《ばいせんざい》を入れた瞬間、パッと鮮やかな色が現れるのですから。

その当時、私たちのような植物染色をやっている染め師がいたら、おそらく魔女狩りの格好のターゲットになっていたことは想像に難くありません。

しかも中世のヨーロッパでは、色は神から与えられたものと考えられていました。神の創造物である色を勝手につくり出したり、あるいは色を混ぜて別の色に変化させたりすることは神への冒瀆《ぼうとく》であり、もってのほかだとされていたのです。

そのため、染色工房で自由に色を染めることは固く禁じられ、教会の厳しい監視下に置かれていました。青を染める工房と、赤を染める工房とで厳格な分業体制が敷かれ、青と赤が同じ工房で染められることは決してなかったといいます。かろうじて青の染め師は緑、赤の染め師は黄色を染めることを許されていたに過ぎませんでした。

さらに十六世紀以後、プロテスタントの禁欲思想が普及するにつれ、明るく鮮やかな色合いは不道徳とされ、黒や灰色などの暗い色が道徳的であるという色彩倫理が広まっていきます。

以前、私はドイツやフランスで植物染料について調べたことがありますが、体系的な研究というのはほとんど見当たりませんでした。おそらくヨーロッパの他の地域でも似たような状況ではないかと思います。それは、色彩に対するキリスト教の締め付けが影響しているからに違いありません。

対して日本では、幕府による奢侈禁止令などはあったものの、それが人々の色彩感覚を抑圧するまでには至りませんでした。その根底には、日本人ならではの自然観、さらには宗教観が少なからず影響しているでしょう。

仏教に「草木国土悉皆成仏《そうもくこくどしっかいじょうぶつ》」という言葉があるのをご存じでしょうか。

草や木、石や土、そして国や自然現象といった心ないものにも仏性《ぶっしょう》が宿り、心あるものと同じように成仏《じょうぶつ》できる——。この言葉は『涅槃経《ねはんぎょう》』の「一切衆生《いっさいしゅじょう》、悉《しっ》有仏性《うぶつしょう》」（生きとし生けるものはすべて仏になりうる）が日本の自然信仰、すなわちアニミズムと融合し、日本独自の教えとして広まっていったものです。

天地万物に仏性を見出し、敬い、ともに生きる。日本人は昔から、人と自然とを切り離しては考えてきませんでした。日本の風土を愛し、変化に富んだ自然のありようをつぶさに捉え、そして繊細微妙な色彩感覚を育んできたのです。

最近、ドイツ文学者である高橋義人《たかはしよしと》さんが書いた『悪魔の神話学』（岩波書店）という本を読みました。同書は、キリスト教が自らの教義の正当性を示すために、いかに悪魔という絶対悪の存在をつくり上げてきたかということを明らかにした大著です。

キリスト教以前のヨーロッパでは、ドイツや北欧などのゲルマン神話を見ても明らかなように、巨人や大男といった怪物は、完全なる悪としては捉えられていません。それは日本の鬼や天狗が、悪さをしながらもどこか憎めない存在として描かれているのと同じです。しかし、そこにキリスト教が入ってきて、神と悪魔という対立がつくられ、善悪の二元論が確立されていったのです。

絶対悪を想定し、その存在を決して許さない、撲滅するという強硬な態度。それは味方と敵を区別し、敵を徹底的に排除することにつながります。現代の国際社会で起きている争いの根底には、そうした唯一絶対の神の下で生み出された、二元論的な考え方が潜んでいるように思われてなりません。

森羅万象《しんらばんしょう》に仏性が宿ると考える、そうした東洋的な多元的なものの見方にこそ、この世界を変えるヒントが隠されているのではないか。東洋の側から、いろいろな手の差し伸べ方があると感じます。ただ、それには私たちがまず、かつてのような自然観、宗教観に立ち戻ることが求められていると思うのです。（洋子）

四章　へ（編）

へん（編、編む）

志村ふくみ

以前、私は「機《はた》の縦緯《たてよこ》の仕組みはまさに天地の理《ことわり》である」と書いたことがあります。

経糸《たていと》が交互に上下する空間に、緯糸《よこいと》を左右に走らせると、綾《あや》なす織物ができあがります。人々は太古からこの原理にしたがって織物をつくってきました。

今を生きる人々は、太古と現代とはかけはなれていると思っているかもしれません。しかし、太古から受け継いできたこの原理こそが、機を織る私たちの根源にあります。そこから織物の歴史ははじまり、今日までずっとつながっています。その単純な原理なくしては、どんな複雑な織物もありえません。

どのような織物を織るか、発想を固めたら、色を選び、糸を繰り、デザイン画をもとに糸の本数や配列などの細かい計算をします。厳密に計画を立て、準備が整ったら整経《せいけい》し、機にかけます。糸一筋の狂いも許されません。こうしてあらかじめ機にかけられた経糸は、空間に固定された動かしがたい存在です。その経糸を張ったところへ、その時、その時の思いのままに緯糸を行き来させます。

経糸は天地の理、つまり古代から連綿と続く法則です。そこへ緯糸という現時、すなわち現代が入ってきます。古代と現代が打ち重なる、その瞬間に織物があらわれるのです。

経糸は時間であり、必然です。

緯糸は空間であり、偶然です。

織るということは、「経」という必然と「緯」という偶然が交差して布が生まれることです。それは、我々の日常にもよく似ています。今日という日は、一人ひとりに否応なく与えられた必然です。それに対し、その日一日に私たちの身に何が起こるか、どのように生きるかは偶然といえるでしょう。

必然と偶然が交差したところに織りなされるのは、私という人間の人生。原始からの営みに、生きることの理をも教えられているように思うのです。

『へん』　志村宏

畝《うね》を立てると
大地に経が出来上がる

畝に育つ植物は
大地に緯《よこ》を張り巡らす

大きな大きな織物を
一人で成すのは及ばない
ならば委ねてみるといい

光も風も虫たちも
いっそ委ねてみていよう

天津《てんしん》の経《たて》と緯《よこ》がある
小さな小さな織物が
いつかきっと
大きな大きな織物へ

「経」と「緯」が生み出す自己表現

命から色へ、そして形へ――。

最初に植物の命があり、そこから色をいただいて糸を染め、その糸を機にかけて織り、一枚の裂《きれ》という形あるものへ変えていく。染めという作業では、眼には見えない植物の色を受けとめ、それをこの世に写しとる「感性」が求められるのに対し、織という作業では、具象のイメージを糸の本数に落とし込む「知性」が求められます。つまり、色までは自然の持つ力に多分に左右されますが、最後の形にする段階になって、人間の力が大きく問われることになるのです。

色の違う経糸、緯糸が交差し、そこに現れる色を「織色《おりいろ》」といいます。

糸と糸は、絵具のようにパレットの上で色を混ぜることはできません。しかし、交わり、隣り合うことで、視覚的に新たな色を生み出します。ひと色、ひと色を織り込んで新たな色をつくりながら、少しずつ面という形にしていくのです。眼の前の色をどうにか形にしようと格闘していると、次第に自分と色とがない混ぜになっていくような、なんとも不思議な感覚に包まれます。

「あなたの心の原風景を描いてください」

アルスシムラでは、最初にそう生徒たちに語りかけます。アルスシムラの授業は、自由制作に主軸を置いています。一人ひとりが、自分はどのようなものを織りたいかを考え、手を動かして形にすることにこそ、染織本来の魅力があると思うからです。

授業で教えるのは「平織《ひらおり》」です。織物は、どんなに複雑なものでも必ず「経」と「緯」の関係で成り立っています。その中でもっとも基本的な織り方が、経糸と緯糸を一本ずつ交差させる平織です。平織のほかに「綾織《あやおり》」、「繻子織《しゆすおり》」といった織り方がありますが、いずれも経糸と緯糸の組み合わせ方を変えたものです。

織物は、「経」と「緯」を交差させるだけでイメージを形に変えていくので、筆で絵を描くのとは異なり、表現にかなりの制限があります。昔の織物に、縞《しま》や格子《こうし》などの直線的なデザインが多いのはそのためです。しかし、母の仕事が画期的だったのは、「経」と「緯」の世界に絵画性を持たせ、芸術表現にまで高めたことだと思います。

たとえば母の代表作に、琵琶湖をモチーフにした「琵琶湖シリーズ」と呼ばれる作品群があります。「湖上夕照《こじょうせきしょう》」（一九七九年）や、「湖北残雪《こほくざんせつ》」（一九八一年）といった作品がよく知られています。

「湖上夕照」では、深い藍色《あいいろ》を基調に赤や黄色のグラデーションが配され、晩秋の湖面に照り返る、まばゆい夕陽の輝きを劇的に切り取っています。一方、「湖北残雪」では、雪が降りしきる白い世界に、湖の沈んだ藍色と、岸辺に茂る枯葦《かれあし》の黄金を印象的にあしらっています。

かつて母は、琵琶湖のことを次のように記しました。

琵琶湖は私にとって単なる風景ではない。肉親や愛する人などの終焉《しゅうえん》の地であり、鎮魂の思いのする湖、いわば私の原風景というべきところである。

——志村ふくみ『伝書 しむらのいろ』

母にとって近江は愛する人と暮らしをともにし、そして染織という仕事に初めて向き合った思い出の地です。春夏秋冬で異なる表情を見せる湖と、そこに注がれる光を折に触れ、まるで抽象画を描くように織ってきました。

母がこれまで六十年かけてやってきたことは、まさに織物によって自己を表現するということです。心が穏やかでなくてもいい。苦しくてもいい。熱情的でもいい。とにかく心を発露させる。心に見える何かを、経糸と緯糸が交差する織物に込めたことだと思います。

人は誰しも、自分のことを表現したい、何かを創造したいという欲求を持っているものです。しかし、みんながみんな芸術家や作家として身を立てていけるわけではありません。日々の生活のために働かなければならない人がほとんどだと思いますが、人間である以上、内に抱えているものを外に出したいと思うのが自然です。

抱えているものが美しいか、醜いかはさておき、とにかく内にあるものを外に吐き出したい。それを絵に描いたり、作曲したり、歌や小説にしたりという表現する術《すべ》を持っている人はそれでいいでしょう。しかし、自分には何も表現する手段がない、突出した才能がないと思う人であっても、自分の故郷やこれまでの人生を何かしら表現したいと思うはずです。そういう人にとって、織はまたとない表現手段です。

織物は、ちゃんと経糸を張りさえすれば、あとは自分が緯糸を入れていくという、経と緯の単純な行為です。一年もすれば、基本的な技術は身につけることができます。技術を習得したら、ひと織、ひと織に自己を投影していけばいいのです。特別な才能がなくとも、機の前では誰もが等しく表現者になれる。そこが織物の最大の魅力であり、人を機に向かわせる理由だと私は思うのです。（洋子）

祖母の「暈《ぼか》し」、母の「十字」

織り方や作品には、その人となりがどうしようもなく表われるものだということを、二〇一三（平成二五）年にアルスシムラを開校して以来、多くの生徒たちの作品を見てきた中で思います。

織る時には、一つひとつの作業をきっちりやる人と、ある程度スピード感を持ってざっくりとやる人と、大きくは二種類に分かれるように思います。そして、きっちりやっていく人の作品は、やはり乱れなく整っていますし、スピード感のある人の作品は、やはりある種の勢いを感じさせます。その点でいうと、祖母のふくみや母の洋子は、二人とも水も漏らさぬタイプというよりは、ざっくりどんどんと進めていくタイプです。

祖母の作品の特徴に、「暈し」という技法があります。山々に囲まれた嵯峨《さが》の地に暮らし、霧や霞が立つ湿り気を帯びた景色を日々眺め、境界線のない幽玄な情景を色のグラデーションによってすくいあげてきました。

暈しの練習では、濃い色を九本入れたら、薄い色を一本入れ、次は濃い色を八本にして薄い色を二本というように、段階的に色の本数を変えていきます。しかし、糸の本数をきちんと数えながら暈していくと、あまりおもしろみは感じられません。「数を数えたんだな」というのが、なぜか見る側にもわかってしまうのです。祖母はよく「暈しは数じゃないのよ」と語っていますが、自然をよく観察している者にしてみれば、規則正しいことは不自然である、というのは当たり前のことなのかもしれません。

母は「暈しは、その人の気の長さがよく表われる」と言います。呼吸が深い人もいれば、浅い人もいるように、その人のリズムが暈しのグラデーションの間合いに表われるということです。そして母曰く、祖母の暈しは、自分というものがあふれ出ていて「強い」との評です。

実際、祖母の暈しは、間近で見るととても迫力があります。たとえば、赤から紫に変わっていくとすると、通常は赤がだんだん薄くなって白っぽくなり、それから今度はだんだんと紫が濃くなっていくというように、彩度は徐々に下がり、また徐々に上がるというカーブを描くと想像しがちです。しかし、祖母の場合はあるところで突然に、まったく違う色が入るのです。よく見ると不規則にいろんな色が入っているのですが、少し離れて見ると、それがなんとも自然なグラデーションに見えるところが不思議です。

日本の古典文学や和歌に親しみ、感性を磨いてきた祖母に対し、ヨーロッパの宗教や思想に関心を持ってきた母は、祖母にくらべて理論派の面があります。それは、幾何学《きかがく》的な文様を大胆にあしらった母の作品にもよく表われています。

母は、二十年近く前からキリスト教文化とイスラム教文化が交わる地域に惹かれ、トルコやイラン、シリア、ヨルダンなどを足繁く訪れていました。母の代表作「聖グレゴリウス」(二〇〇二年)が生まれたのは、そうした旅の中で見たある聖人像がきっかけでした。

トルコ最大の都市イスタンブールには、原始キリスト教の面影を宿す東方正教会の寺院が今も残っています。その一つであるコーラ修道院のアプシス(礼拝堂の端の半円形に張り出したところ)には、「復活の図」の大きなフレスコ画があり、その下に六人の瘦身《そうしん》の聖人像の画があります。母は、その聖人像を見た時の衝撃を次のように綴《つづ》っています。

この魅力的な出で立ちはどうしたことだろう……。十字の文様というあまりにもシンプルでありながら、それでいて斬新で本質的なデザインの柄に目が釘づけにされてしまったのだ。これまで私の頭の中にあった日本の伝統的衣装とは全く異質なものを目の前にした驚きで、身体はしびれ、心臓は高鳴った。

——志村洋子『色という奇跡　母・ふくみから受け継いだもの』

近寄りがたい威厳のある表情に、力強くシンプルな十字や市松《いちまつ》、卍《まんじ》文様の衣装。それを目にした母は、この十字文様と和的な格子柄を融合させ、伝統的な十字《じゅうじ》絣《がすり》で表現しようと心に決めました。

絣は、文様の図案に従って糸をくくるなどして、あらかじめまだらに染め分けた絣糸を使って織ります。文様が複雑になればなるほど染め分けの手間は増え、緻密な作業が求められます。

しかも聖人の装いは、上半身に十字文様の布をまとい、その下からはストライプの衣がのぞき、上下で異なるデザインになっています。一枚の着物で同じように表現するには、十文字と縞という二種類の異なる絣を組み合わせなければなりません。複雑な絣の計算をし、膨大な染め分けの作業を経て、半年以上経って完成したのが「聖グレゴリウス」です。それは、藍と黄土色、白が組み合わさった十字文様を配した上半身、藍に白く細い縞の下半身という、大胆な切り替えの着物でした。そしてそれは、母が「東と西の接点」という、祖母とは異なる自分なりのテーマを血肉化した瞬間でもあっただろうと思います。

教わったものをいかに応用し、いかに崩し、何を表現するかはその人次第です。

どこに何色を入れるかは自由であって、決まった答えなどはありません。試験などの答えのある勉強にばかり慣れていると、最初のうちは戸惑う人も少なくないと思います。しかし、それが「表現する」ということのむずかしさであり、また喜びなのではないでしょうか。（昌司）

生と死の狭間から生まれる糸

織物の表情は、どのような糸を使うかで、色の染まり方も違えば、風合いも異なります。「沖宮《おきのみや》」のあやと四郎の衣裳には、「生絹《すずし》」という、繭《まゆ》から取りたての精練していない糸を使いました。それはできるだけ自然に近いもので織りたいという思いがあったからです。

生絹は、蚕《かいこ》のたんぱく質（セリシン）がついていて透明感があり、蟬《せみ》や蜻蛉《かげろう》の羽を連想させます。見た目も呼び名も涼を誘うので、昔から宮廷貴族や高級武士たちの夏の衣装に用いられてきました。

精練されていないため、取り扱いはむずかしく、慣れていないと何度も切れてしまいます。しかし、その繊細な糸をなだめすかしつつ織り進めると、まるで夢と現《うつつ》の狭間のような、軽やかな輝きを放つ織物が現れます。

ここで少し、志村家で使う糸のことについて触れておきましょう。

主に使うのは「生糸《きいと》」、それに玉繭《たままゆ》や屑繭《くずまゆ》からつむいで撚《よ》りをかけた「つむぎ糸」です。生絹はふだん使いません。三章でもふれましたが、生糸は蚕の繭から出た糸で、数本を合わせて一本の糸に撚ります。つむぎ糸は、くっついてしまった二、三個の繭を開いて真綿にし、手でつむいだもの。ところどころに節《ふし》があるのが特徴です。

つむぎ織というと、一般的にはつむぎ糸だけで織った織物を指しますが、母ふくみは、現代に合った軽やかなつむぎ織をつくるため、経糸に生糸を使い、緯糸につむぎ糸を使うことを考案しました。この工夫は、志村の工房や学校でも受け継がれています。

絹糸を使うのは、植物染料の色が一番きれいに染まると思うからです。そのほかの繊維にももちろんそれぞれ持ち味があり、長所はありますが、慣れ親しんできたひいき目もあってか、やはり光沢のある絹糸の美しさは一番だと思います。また、綿などの植物繊維は、豆を煮た呉汁《ごじる》などのたんぱく質を加えないとうまく染まりません。しかし、絹糸や羊毛などの動物繊維はもともとたんぱく質を含んでいるので、その必要はないのです。植物と動物という組み合わせのほうが、同じ植物と植物よりも相性がいいというのは、どこか自然の摂理を表わしているように思います。

動物繊維を植物染料によって色彩を与え、鉱物の媒染《ばいせん》によってその結びつきをたしかなものにする。そこには動物、植物、鉱物というあらゆる自然が介在しています。さらにそこへ、人間の手が加わることで一枚の布になります。つまり、機を織ることは、自然界を織ることと同義なのです。

工房では一年に一度、初夏に蚕から糸をつむぎます。まず鍋に湯を沸かし、そこに繭を入れます。すると、次第に熱で繭がほぐれ、糸の口が出てきます。

楕円形の繭からは、八の字に螺旋《らせん》を描きながら糸が出てきます。DNAが螺旋構造であることを考えれば、その小さい白い繭に、あたかも宇宙や生命の普遍性が宿っているかのように見えてきます。

ほぐれた繭の口から震えながら出てくる糸は、あまりに細く、今にも消えてなくなりそうなほどです。それを二十五本から三十本ほど合わせ、指先に神経を集中させて慎重に一本の糸にしていきます。

糸を引く作業は、まさに生と死の境目に立っているといえるでしょう。一方には、透けるような糸があり、他方には、今まさに息絶えた繭の死骸が、臭いを放ちながら積まれている。美しいものと、凄惨なものが同時に存在する瞬間。まるでこの世の縮図を見るような思いです。

繭から取り出した糸を植物で染め、機にかけて織る。染織とは、常に命の存在を感じずにはいられない仕事なのだと思わざるをえません。

（洋子）

織るように、言葉を編む

以前、祖母のふくみから「この着物のデザイン、どこから取ったかわかる？」

と聞かれたことがあります。何だろうとしばらく考えましたが、何も思い浮かばなかったので素直に「わからない」と答えたら、近くにあった座布団を指して「この柄よ」と、祖母は得意そうに答えました。

祖母は、いつも思わぬところからデザインの着想を得ています。たとえば「フランソアの壁」（二〇〇九年）という、淡いピンクに色とりどりの四角い煉瓦《れんが》模様が楽しげにあしらわれた作品があります。これは、いつも行くパン屋の壁がヒントでした。

行きつけのパン屋さんの壁はピンク色に白いメジの入ったうすグレーや茜色のやさしい煉瓦でできている。私はいつもしばらくその壁の前にたって眺めている。私はもともと煉瓦好きである。（中略）数種類の緯絣の糸を用意し、白いメジを活かして織った。パン屋の壁ではあまり芸がないので、その店の名と勝手にフランソアと名付けた。地のピンクは枇杷染、絣は白樫、茜などである。

——志村ふくみ、志村洋子『しむらのいろ―志村ふくみ・志村洋子の染織』

この文章を読んだだけでも、祖母にとっては眼に入るものすべてが織物のヒントになり得るのだということがおわかりいただけると思います。人はそれを取るに足らないもの、ありきたりなものと一瞥《いちべつ》して通りすぎるかもしれません。しかし、祖母の眼から見れば、それは生き生きとした題材に映るのです。

織物の発想をいかに得るかについて、祖母は以前次のように綴《つづ》っています。

常に自分の中に生起する事象や現実の問題に反応し、感動したり悩んだり、躍動と失望をくりかえし、自分という塔の上に瑞々《みずみず》しい感覚を失わないように常にアンテナをはりめぐらせて反応することをこころがける。そこから伝わってくるインスピレーションを自分の内面に正確にとり込むことの修業が大事である。

——志村ふくみ『伝書　しむらのいろ』

見て、感じて、そして心に残ったものを織物で表現する。それは祖母が書くものにも共通して言えることです。祖母のことを、本を読んで知ったという方も多いと思いますが、祖母が初めてとなる著作『一色一生《いっしょくいっしょう》』を出版したのは一九八二（昭和五八）年、五十八歳の時のことでした。

文章を書くようになったきっかけは、詩人で評論家の大岡信《おおおかまこと》さん（一九三一—二〇一七）との出会いです。祖母から桜染めについて話を聞いた大岡さんは、それを「言葉の力」という文章にまとめました。中学二年の国語の教科書にも載りましたので、ご存じの方もいるかもしれません。その際、大岡さんが祖母自らも執筆するように勧めたのです。

前にもお話ししたように、祖母の一番の趣味は読書ですし、もともと日記もつけていました。ですから、祖母にとって書くことはまったく苦にならなかったのでしょう。『一色一生』の出版を機に、原稿の依頼が増えていきました。

傍《はた》で見る限り、祖母の執筆スタイルはうんうん唸《うな》りながら書くというより、さーっと勢いに任せて書くタイプだと思います。何しろちょっと部屋にこもっただけで、あっという間に手書きの原稿が出来上がっていますから。後から書き直したいと思うこともあまりないようで、その仕事の速さには、身内ながらふだんから舌を巻いています。

今、改めて『一色一生』を読み返すと、その思い切ったはじまりにいささか驚きを覚えます。なぜなら、冒頭でいきなり「水子《みずこ》さん」という呼びかけから幕を開けるからです。水子さんとは、沖縄の花織《はなおり》を独自に発展させた鳥巣《とりす》水子さんのことで、祖母の友人です。その水子さんに宛てた私信を何の前置きもなくいきなり冒頭に持ってくるのですから、初の著作としてはかなり大胆だといえるのではないでしょうか。

しかし、祖母の書いたものというのはこの本に限らず、いつも自分のその時、その時に体験したこと、感じたこと、考えたことを包み隠さず、ありのままに綴っています。孫の私から見ても書くものと生活、そして書くものと人柄が見事に一致していると思います。

たとえば、目利きで知られる随筆家の白洲《しらす》正子《まさこ》さんから、祖母の書くものについて「文章はね、伝えたいことだけを書けばいいの、装飾はいらない」とダメ出しされたことを素直に告白しています（志村ふくみ『ちよう、はたり』）。また、二十世紀最大のドイツ語詩人と言われるリルケに感銘を受けて書いた『晩禱《ばんとう》——リルケを読む』『薔薇《ばら》のことぶれ——リルケ書簡』という本は、祖母の読書ノートをほぼそのまま形にしています。

我が身を振り返ってみても、たいていの人はものを書く時に、もう少し構えてしまうものではないでしょうか。また「はたして読者がこのテーマに興味を持つだろうか」「ほかの人は同じことについてどう言っているだろうか」と不安になることも往々にしてあるでしょう。しかし、祖母の書くものにはまったくと言っていいほど、そうした懸念が感じられないのです。

周囲の眼を気にすることなく、「自分はこう感じました」でスパッと終わることができる。その揺るぎなさは、もしかしたらリアルにものをつくっている強さに由来しているのかもしれません。

感じたままに織り、感じたままに言葉を編む――。

奇しくも「文章」を意味する「text（テキスト、テクスト）」という言葉の語源は、「織物」を意味する「textile（テキスタイル）」と同じく、ラテン語の「織る」を意味する「texere（テクセレ）」だといいます。祖母にとって、きっと両者の間に隔たりはないのでしょう。自分の人生すべてをかけるものが表現だということ、そしてそこにこそ生きる喜びがあるのだということを、祖母の織と言葉は訴えかけているように思います。

（昌司）

失敗が失敗にならない仕事

アルスシムラという学校を設立した後、自分でも染めたり織ったりしようと予科に入学しました。ちなみにアルスシムラには、平日に週四日通う本科と、週末だけ通う予科のコースとがあります。

幼い頃から染めや織りの作業は身近に見てきましたが、やはりなんとなく見ているのと実際に手を動かすのとでは大違いで、染織という仕事を改めて見直す機会になりました。

その中で、織りというものの奥深さに感じ入ったのは、「失敗が失敗にならない」ということです。

織っていると、当初考えていたデザインとは違うことをしてしまうことが時々あります。たとえば、経糸の準備の工程や絣の糸の染めなどの失敗など、大小さまざまな失敗が後になって響いてくることもあれば、単純に織り間違えることもあります。たいていはしばらく織り進めたところで間違いに気づくものなのですが、織物をほどくとしてもせいぜい一、二寸が限度です。

さかのぼって間違いを正そうとしてもできないのですから、失敗したらそのまま織るしかありません。ふつうに考えたら、最初に描いた設計図の通りにできていないとなったら「なんで間違えたんだ」と上司から怒られるような場面でしょう。しかし講師はみな、意気消沈した生徒に向かい、決まって「いいのよ、いいのよ」と声をかけます。絣を織っていて、少し模様がずれたとしてもやはり「いいのよ、いいのよ」です。この寛容さはもしかしたら志村の工房や学校ならではであって、ほかの教室ではもっと厳しい指導をしているのかもしれませんが。

では、失敗した後にどうやって織っていくのかといえば、間違ったところからまた全体を設計し直し、失敗を失敗でないように修正していきます。つまり、全体の設計図が部分によって変化していくわけです。

通常なら、全体の設計図は絶対的な存在でしょう。対して織物の場合は、全体と部分が対等な関係にあって、部分的な失敗が全体に影響を及ぼします。失敗を転機として、もともとの計画を変えていくことができるものなのです。

目標は目標としてあっても、途中の出来事によっていつでも柔軟に変えていくことができる。それは生きた仕事の仕方であり、ひいては生きていることそのものにも当てはまるのではないでしょうか。

生きていると、その時、その時で思わぬことがいろいろと起きます。起きてしまったことはもう変えることはできませんが、起きたことに対してどう向き合い、変化するかは自分次第です。そこで思い出すのは以前、祖母が書いた次のような文章です。

織物はもしまちがえて織ってしまったら直すことはできないが、これから織ろうとするところは直せる。

犯した罪は消えないが、心を新たにして生きることはできるという人生の真理をもおしえられている気がする。

——志村ふくみ『伝書 しむらのいろ』

人はたとえ間違えたり、失敗したりしたとしても、またそこから軌道修正して、生き直すことができる。そして誰もが、人生という名の美しい織物を織り上げることができるということです。

そしてもう一つ、織から学んだこと。それは「ほどけない糸はない」ということです。

糸は、巻いておくといつの間にか絡んでしまいます。複雑に絡んだ糸を目の前にすると、もう切ってしまうよりほかに手はないのではないかと頭を抱えてしまいます。しかし、どんなに複雑に絡み合っていたとしても、時間をかけてほどいていけば、必ず一本の真っ直ぐな糸に戻るという原則があります。

機道具には「たたり」と呼ばれる、絡んだ糸をほどく道具があります。複雑なものだと、たたりを使い、それこそ一日がかりで丹念にほどいていかなければなりません。でも根気よくやりさえすれば、いつかは必ずほどけるのです。そのことを初めて知った時、私はなんと含蓄《がんちく》のあることだろうと思いました。

どれほど複雑な状況に陥ったとしても、丁寧に解きほぐしていけば必ずもとの状態に戻すことができる。「ほどけない糸はない」という原則は、「失敗が失敗にならない」ことと並び、織が教えてくれる人生の希望のようなものではないかと思うのです。

（昌司）

五章　と（時）

とき（時、永遠《とわ》）

志村ふくみ

生きている間、人間はさまざまな喜び、悲しみを享受し、楽しみ、苦しみもがいても、最後は一切を捨ててゆかねばなりません。何一つ、あの世に携《たずさ》えてゆくことは叶いません。それが空《くう》でなくて何でありましょうか。そのような思いが、半ば幻《まぼろし》になりつつある老齢の身に迫ってまいります。ただ唯一、例外的にこの世に残るもの、それこそが芸術だと思うのです。

織物は、長い時間の中で少しずつ色を失い、朽ちていく宿命にあります。しかし時代を経て、色褪《いろあ》せ、ぼろぼろになってもなお美しいばかりか、美しさを一層増してゆくものがあります。

奈良の古刹《こさつ》、當麻寺《たいまでら》には、「當麻曼荼羅《たいままんだら》」という綴織《つづれおり》の曼荼羅が残されています。藤原家の中将姫《ちゅうじょうひめ》が蓮《はす》の糸で織りあげたとの伝説で知られる織物ですが、実は中国唐代に伝えられた絹織物だとされています。

おぼろげな諸菩薩が遠い雲間に消えゆく姿や、蓮弁《れんべん》の池に散るさま。幾筋もの糸によって描かれた天上界、下界を通し、そこに彼岸《ひがん》が立ちあらわれます。とても人の手で織ったとは思われない、それこそ神の宿る手によって織られたのではないかと思うほどです。触れればはらはらと消え去りそうな、風化寸前の鬼気迫る美しさが見る者の胸を強く打ちます。

あらゆるものが滅びても、本物だけは時代とともに美しさを増します。なぜなら、朽ちゆけばゆくほど、その物の持つ魂だけが浮かび上がってくるからです。その証拠に、のちの世に修復したところはかえって劣化してしまっています。たとえぼろぼろになろうとも、魂は生き続けて輝きを放つのです。

心を通わせた作家の石牟礼道子《いしむれみちこ》さんが逝き、私もやがてはこの世を去ります。

石牟礼さんは言葉を通して、人間だけでなく、虫や貝など生きとし生けるものに生類《しょうるい》の魂を汲み取ろうとしました。私は染織を通して、植物の生命を写し取ろうとしました。そんな二人が存在していたのだという事実、そしてまた私たちが残したものに触れ、まったく別の道であったとしても、次代の若い人々が私たち二人の意志を未来につないでいってくれることを切に願うばかりです。

『とき』　志村宏

朝焼けの頃
氷華《ひか》咲く、湖畔で吐く息に、茜《あかね》で染めた糸を見た
蚕も息をするように自身の糸を吐いている

一頭、二頭と数える虫は
かつて馬と人であったという
それは許されない愛の形

桑から光を食べた蚕《かいこ》は
光を糸に変える
熱い繭《まゆ》から糸繰ると
光の道が出来上がる

私の糸が見えた時
朝日が息を染めていく

朝日は昇り
魔法はいつしか溶けていく

「織」の時間

二〇一九（平成三一）年二月十三日、私たちは奈良・薬師寺の東塔で営まれた記念すべき法要に参列していました。

東塔はそのリズミカルな様式美から「凍《こお》れる音楽」と呼ばれ、薬師寺で唯一、創建当時の千三百年前から現存している建造物です。二〇〇九年より約一世紀ぶりの解体修理が進められる中、二〇一二年に塔を貫く心柱《しんばしら》の最上部から、江戸時代につくられたとされる舎利《しゃり》容器《ようき》が発見されました。仏舎利《ぶっしゃり》はお釈迦さまの遺骨を指し、実際には玉類《ぎょくるい》などがこれに代わるものとして安置されています。

今回の修理で心柱を建て替え、仏舎利を再納入するにあたり、舎利容器も一新することになり、五人の工芸家に制作を依頼。その一人に母ふくみが選ばれたのです。

「平成の舎利容器」は、ガラス、純金、青磁、漆の順に入れ子状の容器を、最後に母のつむぎ織の仕覆《しふく》で包む仕様になっています。金工は桂盛仁《かつらもりひと》氏、漆芸は小森《こもり》邦衞《くにえ》氏という人間国宝のお二人が、そしてガラスは白幡明《しらはたあきら》氏、磁器は川瀬忍《かわせしのぶ》氏がそれぞれ手がけられました。

二〇一八年末には、仏舎利と新たに完成した舎利容器を奉持して、インド・ネパールの仏跡を巡礼する旅にも参加しました。そして二〇一九年二月、その仏舎利をふたたび心柱に戻すための納入法要が営まれたのです。

僧侶たちの唱える般若心経《はんにゃしんぎょう》が響く中、加藤朝胤《かとうちょういん》執事長の手で地上約三十三メートルの高さにある柱のくぼみに、茜《あかね》で染めた仕覆が収められていく。そのさまは千三百年の時を超えて奈良の都に私を誘っていきました。

次に人々が舎利容器を眼にするのは、おそらく数百年後だろうと言われています。その時、人々はこの小さな容器を見て、はたして何を思うのでしょうか。遠い未来の人々が、平成の世の工芸家たちの仕事をどう受けとめるのか、今を生きる私たちには知る由もありません。

染織を通じ、何百年前、ともすると千年以上も前につくられたものを間近で見る機会にしばしば恵まれてきました。

かつて母との共著で上梓した本に、日本の美の源流をさかのぼった『たまゆらの道――正倉院からペルシャへ』があります。伊勢神宮、高野山にはじまり、韓半島を経て、遥かイスラム諸国まで足かけ四年に及ぶ、色と染織の旅の随筆集です。

紀元二二六年から六五一年まで四百二十五年間続いたイランの王朝、ササン朝ペルシアでいち早くつくられるようになった絹織物は、中国に渡り、隋や唐の影響を受け変容を重ねながら、日本の正倉院にたどり着きます。その道筋を追いながら、一片の裂《きれ》、一刺しの糸に、さまざまな時代や土地のつくり手の息遣いを感じ取ってきました。

一つ例を挙げるとするなら、京都の古美術商「柳《やなぎ》」で、偶然にも「天寿国曼荼《てんじゆこくまんだ》羅繍帳《らしゆうちよう》」の残欠《ざんけつ》に出会った時のこと。「天寿国曼荼羅繍帳」は、聖徳太子の没後、その死を悼んだ妃の橘大郎女《たちばなのおおいらつめ》が、太子の往生した天寿国、すなわち極楽浄土を刺繍によってこの世に再現しようとしたと言い伝えられています。国宝として現在、奈良の斑鳩《いかるが》、法隆寺に隣接する中宮寺に納められているものは、その断片をかき集め、江戸時代中期につなぎ合わせたものです。

刺繍を刺したとされるのは、采女《うねめ》といわれる女官たち。刺し目を見ると、あるところでは流れるように刺し、またあるところでは鎖が連なるように重ねて刺し、刺し目は薄い織り地の上を自由に動きまわっています。その刺しぶりに眼を凝らして見ていると、彼女たちが夢中になって刺している手つきがまざまざと浮かび上がってきたことを思い出します。

機《はた》に向かっている時、ふとそんな彼女らが憑依《ひょうい》しているのではないかとの思いにとらわれる時があります。そうした時間は不思議と短くも感じ、長くも感じます。それはもしかしたら、杼《ひ》が行き交う中で太古と今、東と西とが行きつ戻りつし、そこに日常とは異なる「織」の時間が出現するからなのかもしれません。

（洋子）

工芸に流れる「時」

現代は、コミュニケーションもビジネスも、すべてにおいて否応なくスピードが求められる時代です。情報がいつでもどこでも簡単に手に入れられるようになり、ヒット商品も話題のニュースもあっという間に飽きられ、すべてが短期間のうちに消費されていきます。

その最たるものがファッションでしょう。ファッションのサイクルは、もはや春夏秋冬の四期ですらなく、さらに分割した八期、つまり一か月半に一度、商品が入れ替わるようになっています。もっとサイクルが短いファストファッションなどだと、月曜日と金曜日の週二回、商品を回転させると聞いて驚いたことがあります。

次に買い物に来た時に、目新しいものが並んでいないと、消費者に飽きられてしまう。その恐怖感がさらに商品サイクルを加速させ、業界全体が疲弊してしまっている。それが現状なのではないでしょうか。

目まぐるしい世の中にあって、いかにそのスピードに巻き込まれずに、普遍的なデザインを目指していけるか。それは、時が経っても朽ちていかないものづくりとはどういうものか、という問いだと言い換えることもできるでしょう。アトリエシムラが一緒にお仕事をさせていただいているデザイナーの皆川明《みながわあきら》さんなどは、そうした問いを常に持ち続けているように見受けます。

普遍的なデザインを確立していくためには、根底に一つの世界観が流れていることが大事だと思います。新しい商品を出しても、それが一目で見てそのブランドの商品だとわかるような連続性、つまり新商品が世界観の一つのピースを構成していなければなりません。

その点、私たちのような工芸品は今の世の中において比較的、世界観をつくりやすいといえます。なぜなら、一章で述べたように志村の染織は蚕《かいこ》の糸、草木《くさき》染め、手機《てばた》という伝統的な手法という枠組みがすでに存在するからです。化学繊維、化学染料、機械織《きかいおり》が大半を占める今、手仕事では伝統が足枷《あしかせ》になると同時に、それがまた個性にもなり得るのです。そしてもう一つ、工芸の特徴的なところ。それは一般的な消費財とは違い、「時間が逆に流れる」という点です。

志村家の和室には、五十年来使い続けてきた黒田《くろだ》辰秋《たつあき》作の「朱漆 透彫文円卓《しゅうるしすかしぼりもんえんたく》」があります。長年使い込んだことで天板の朱漆が摩耗《まもう》し、下塗りの黒漆がところどころに見え隠れし、根来塗《ねごろぬり》特有の塗り肌が深い趣を与えています。

時間を重ねることによって、美しさが磨かれていく。それは手工芸の何にも代えがたい特質と言えるでしょう。

工業製品は、完成した時が最高の状態です。プラスチックのお皿などを思い浮かべるとわかりやすいと思いますが、最初はピカピカだったものが、使っているうちにだんだん劣化して変形したり、黄ばんだりします。しかし、自然の素材からつくられた工芸品は、傷やしみでさえも味わいに変えてしまいます。骨董などではよく「使い込みが足りない」などと言われますが、ともに過ごした時間が長くなればなるほど、味わい深さが増していくのです。

それは草木染めの着物も同じです。完成した時が生まれたての赤ん坊だとすれば、年を経るごとに色合いが落ち着き、艶が生まれ、熟成されていきます。いうなれば、使い手によって育てられ、それは唯一無二のものへと変化していくのです。

しかしながら、時間の流れが逆であるということは、工芸に携わる者にとっては、厳しい現実を突きつけられることでもあります。それは時代が経てばいいものができる、という素朴な考えが、幻想にすぎないことを教えてくれるからです。

先に母が触れた中宮寺にある「天寿国曼荼羅繍帳」は劣化が激しく、再現が試みられたこともありますが、当時の技術が高度すぎて、完璧には再現できないといいます。そもそもコストパフォーマンスを第一に考える現代人の感覚からすると、あれほど手の込んだ、膨大な時間のかかる作業をしようという気にさえならないでしょう。なおかつやろうとしたところでできないのですから、人間の進化というものを疑わざるを得ません。

独立研究者の森田《もりた》真生《まさお》さんとお話しした時に、数学とは人間の身体を拡張させるものだと聞きました。太古の人間は数という概念をつくり出し、最初のうちは一から十、せいぜい百までしか数えられなかった。しかしだんだんと記号や概念を発達させ、コンピュータを発明し、はてしなく数を数えられるようになったといいます。それは道具によって身体を外部化する、すなわち拡張させるということです。

そういう意味では、機も身体を拡張させるものの一つです。手機、機械織へと拡張していくにつれ、早く正確に織れるようになったかもしれません。しかしその一方で、おおもとの身体は衰えているのではないか、という疑念が湧き起こってきます。

私たちは、はたして進化しているのか、退化しているのか。遥か昔の人々が成し遂げた仕事に接する時、私たちの身体に本来備わっていたはずの能力というものを考えざるをえません。

（昌司）

なぜ今、共同体が必要なのか

祖母ふくみは、師である柳宗悦《やなぎむねよし》の著した『工藝の道』を胸に、今まで揺らぐことなく蚕の糸、草木染め、手機という三原則を守って仕事を続けてきました。しかしながら祖母は、この道に入った早い段階で、柳から破門のような宣告を受けています。

祖母の著作などでその顛末を読んだ方も多いかもしれませんが、祖母が織物をはじめて四年、三十四歳の時のことです。日本伝統工芸展に、着物作品としては初めての「秋霞《あきがすみ》」を出品し、奨励賞を受賞しました。しかし、その作品を見た柳から、これは民藝から逸脱した作品だ、個人作家の仕事をしたと言われたのです。

その時の祖母のショックは、察してあまりあるものがあります。しかし、この一件が契機となり、民藝の世界から離れて一人、染織作家として表現する道を歩んできたのです。

私が考えるに、当時の祖母にとっては個人作家であるかどうかより、そのものが美しいかどうかが、一番の問題だったと思います。美しければ、それが名もなき工人の手によるものだろうが、個人作家の手によるものだろうが関係なかったのです。

それは、蚕の糸、草木染め、手機という三原則にしても同じです。ただそれを盲目的に守ってきたわけではありません。新しいことをする時に、いつもこの原則を守るかどうかで、私たちの間では議論になります。例を挙げるなら、アトリエシムラの小物をつくる裂《きれ》は、いっそのこと機械織にして手に取りやすい価格にするのはどうかといった話です。

もし仮に、三原則を外れても美しいものができるなら、必ずしも原則を守る必要はありません。そう言うと驚かれるかもしれませんが、それが祖母や母・洋子の基本的な考えです。しかし現状では三原則を守ったほうが圧倒的に美しいものができあがるから、結果として守り続けているに過ぎません。三原則は私たちにとって目的ではなく、あくまで美しいものをつくるための手段なのです。

とはいえ、工芸を取り巻く環境は、祖母が染織をはじめた頃よりも一段と厳しくなっています。

着物一反分の裂を織るには、大変な時間と手間がかかります。さほど複雑でない文様でも、織り上がりまでに最低でもだいたい二か月はかかります。機にかけるまでの糸染めなどの準備を考慮すると、費やした時間や労力はそれ以上に膨大です。

一人の人がかかりきりで一反分の裂を織ったとして、それが機械織並みの値段でしか売れないならば、到底生活していくことはできません。二か月という時間を考えると必然的にある程度の値段になってしまうのはやむを得ないのです。でもだからといって、「これだけ手間がかかっているから……」とアピールしたところで、買う人にその価値を認めてもらわなければ売れません。

その上、現代では着物を着る人がどんどん減っています。また養蚕業が衰退し、植物染料がますます手に入りにくくなっているという状況もあります。今後、染織という仕事の魅力をいかに伝え、残していくかを真剣に考えていかなければ、近い将来、先細りするのは目に見えています。

　現代のような、できるだけ安く効率よくという資本主義経済の中に、私たちのような手仕事をどう組み込み、存続させていくか。それはとても矛盾に満ちた、むずかしい問題です。そのためには、天然繊維と化学繊維の違いはどこにあるのか。植物染料と化学染料では、どう色の違いが現れるのか。機械で織った着物とくらべ、手で織った着物の良さとは何なのか。そうした違いを明確に言語化し、きちんと発信して、理解者を増やしていく必要があると強く感じています。

　糸井《いとい》重里《しげさと》さんから、「神宮球場をいっぱいにできるだけのファンがいたら大丈夫だよ」と言われたことがあります。糸井さんの主宰するウェブサイト『ほぼ日刊イトイ新聞』は一日に何万もの人がアクセスし、固定ファンがいます。その人たちと一緒に楽しみながら、自分たちが本当に大切だと思うコンテンツや商品を世に送り出し、独自の経済を成り立たせています。

　神宮球場の収容人数は約四万人。それだけの人と気持ちが通じ合うような共同体、現代風に言えばコミュニティですが、それを形成することができれば、今のような資本主義経済とは別の価値観を持った経済圏を創出できるということです。国家のように大きくもなく、家族ほど小さくもない。国家と家族の間にある、中間的な価値共同体をつくる。そのための核になるものこそが、教育だと考えるに至ったのです。

私は、志村家の仕事に入る前、大学受験のための私塾を運営していました。目指していたのは、教科ごとにただ点数を取るための勉強を教えるのではなく、受験生活全体を支えるような塾です。受験生活全般の悩みを聞いたり、アドバイスをしたり、時には生徒たちと寝食までともにする日々を送っていました。なぜそのような一般の学習塾とは異なる塾をやっていたかというと、親子関係以外でその人の深いところで交わることに興味があり、そうした人間関係を築く一つに教育というものがあると考えていたからです。

しかし塾をやりながら、同時に座学の限界も感じていました。そうした中、家の仕事を見ていて、工房の営み全体が一つの教育活動になっていることに気づいたのです。

手仕事は、人との連帯感が生まれやすいものです。染料を炊き出すために、染料を一緒に探したり、炊き出しをしたり、協働が前提になります。さらに糸を染めた時にさーっときれいな色が現れれば、自然と喜び合う空気も生まれます。ものが目の前にあって作業というワンクッションがあるからこそ、自ずと助け合いが生まれ、心を開くことができる。競争社会の中にあって、協働の原理に基づく場があることは、非常に貴重なのではないかと思います。

しかし、師匠と弟子という従来の徒弟制度では、教えられるのはせいぜい三人か四人です。しかも現代の賃労働という概念と昔ながらの徒弟制度は合わなくなってきており、現実に工芸や芸能の分野でもどんどんなくなっているのが現状です。師匠と弟子の関係は、雇用主と従業員の関係とは本質的に違うものですが、生計を立てるということを考えると、後者の側面を持たざる得なくなります。精神生活と経済生活のバランスをどう保つのか、そこが問われています。

私たちもその例外ではありません。そこで、後世にこの仕事をいったいどのようにして伝えていったらいいかと模索した時に浮かんできたのが、もう少し開かれた形での現代的な徒弟制度です。それが学校を構想するもととなり、アルスシ

ムラの開校へとつながったのでした。（昌司）

現代に問われる手仕事の意味

教育を通じて、私たちが伝えたいこと。それはもちろん第一に染織という仕事の奥深さ、すばらしさなのですが、必ずしもみんなが染織の担い手になる必要はないと思っています。

肝心なのは、学校の授業やワークショップを通じ、手仕事の良さを知ってもらうことです。なぜならそれは、現代人の多くが抱えている生きづらさを多少なりともほぐすことができるのではないかと考えているからです。

手仕事の良さとは、自らの手でものを創造する楽しみを与えてくれることにほからないでしょう。

近代化以前の人々にとって、身体性をともなった労働は、単に生活の糧を得るためだけのものではなく、生きる上での喜びでもあっただろうと思います。先に挙げた『工藝の道』で、柳宗悦も次のように記しています。

労働が全き苦痛に沈んだのは、資本制度の勃興による。（中略）かつて工人たちは彼らの労働において、創造の自由を得たのである。強いられた決定的仕事に、人格の自由を封じられた今日の労働者と、いかに相違があるであろう。工藝が手工より機械に移るに及んで、喪失したものは創造の自由であった。仕事への誠実であった。人格の存在であった。

——柳宗悦『工藝の道』

さらに柳は、手工芸では人が仕事の主になれるが、機械生産だと人は機械に従属しなければならないと述べ、それがつくるものへの情愛、あるいは仕事の充足感に影響を及ぼし、できあがったものの美しさにも大きな差が生じると語っています。

ただ、柳が言うように「民衆のための工芸」を現代の市場で実現するのはもはや困難でしょう。手工芸は、一般の消費者にとっては手の届かない高級品になってしまったからです。柳の長男である柳宗理《やなぎそうり》（一九一五—二〇一一）が、工業デザイナーという職業を選択したのも必然的な流れだったと思います。

今の時代では、手仕事で生活を成り立たせるのは多くの人にとって叶わないことかもしれません。しかし、生業にできなくとも、わずかでも手仕事に触れることは精神的な喜びをもたらしてくれるでしょう。

現代人は多かれ少なかれ自我というものにとらわれ、精神をこじらせてしまっていると思います。その大きな要因は、近代化によって自然と人とが切り離され、人は自然な心持ちを忘れてしまったからではないかと思います。

自然に倣《なら》い、自然と呼応し合って暮らしていけば、もっと自然体に生きられるようになるのではないでしょうか。その時、染織の仕事はこじれた状態をフラットに戻し、精神のバランスを調整してくれる一つの方法になり得ると、自身の経験からも思います。


アルスシムラの開校からはや六年が経ちました。これまで約五百人の生徒がこの学校で学び、その卒業生から毎年、数名が「みどり工房」に入ります。「みどり工房」は、祖母と母が主宰する「都機《つき》工房」とは別に、「アトリエシムラ

(atelier shimura)」のものづくりを支えるために新たに開いた工房です。単に教えるだけでなく、実際にその教えに基づいて経済をまわしていこうという試みでもあります。

「工芸は共同体を志向する」と前に述べました。イギリスの詩人でデザイナーのウィリアム・モリス（一八三四―一八九六）が、アーツ・アンド・クラフツ運動という美術工芸運動で中世のギルドの復興を目指したように、そして柳宗悦が、初期民藝運動で上加茂民藝協団《かみがもみんげいきょうだん》を起ち上げたように、工芸運動は共同体づくりと常に深い関わりがあります。

残念ながら、上加茂民藝協団はわずか二年あまりで解散しています。失敗の原因はいろいろと言われていますが、祖母ふくみはその間に、当の柳がヨーロッパ、アメリカを巡り不在にしていたことが一因だったと言っています。

それはさておき、共同体はつくるのも大変ですが、存続していくことはもっとむずかしいものです。個性の強い人間が複数いれば、当然ながら意見はぶつかり、やがて人間関係にひびが入ることは容易に想像できます。そうならないためには個々人の思いを汲み取り、それぞれの個性を生かしながら、なおかつ協働によってつくられるもののすばらしさを引き出していかなければならないと思っています。

そのためには、祖母の一言一句を金科玉条《きんかぎょくじょう》にして守るような、硬直した組織であってはなりません。そのつど、変化に対応していけるような生きた思想がなければ、やがてその組織の生命感は失われ、色褪せていくに違いないでしょう。

染織という手仕事を通じた共同体づくり。その試みは、まだほんの一歩を踏み出したに過ぎません。しかしその一歩が、未来に向けて新たな居場所を創造することにつながると信じ、試行錯誤する日々です。

（昌司）

一度きりの人生を織るために

「どうやったら作家になれますか」

学校で教えていると、そんなふうに聞かれることがあります。それは、究極的には創作の秘密を教えてくれということです。学校だから何でも教えてくれて当たり前と思うのかもしれませんが、技術は教えることができても、最終的にはその人自身が日々何を感じ、それをどのように表現したいかに尽きます。それは、決して人から教えられるようなものではないでしょう。

アルスシムラは、単に知識や技術を教える学校ではありません。ですから、織の基本的な知識を伝えるプリントはありますが、教科書や染めの配合を逐一記したレシピなどはありません。

学校を起ち上げる時、教科書はあったほうがいいかどうかという議論はさんざんしました。たとえば、「タマネギならこう染める」「水は何リットルで、媒染《ばいせん》には何を何グラム使う」というように、技術専門学校ならば一冊のテキストにまとめるところなのかもしれません。しかし、植物で染めることの意味は、その植物が本来持っている色を引き出すところにあります。同じ植物でも、一枚一枚の葉が違う形をしているように、その植物が持つ色も一様ではありません。一番美しい色を引き出すのに、毎回同じレシピを使うということはありえないことなのです。

また、母ふくみはメモをすることも基本的に嫌います。今の人たちは、とにかくメモをします。スマホで写真も撮れば、動画を撮ろうとする人もいます。もちろん絶対にメモが禁止というわけではなく、場合によってはメモをしていい時もあるのですが、ここは全神経を集中して見てほしい、匂いや音など五感すべてで受け取ってほしいという瞬間があります。そうでなければ、真に感じ取ることができないことがあるからです。

そしてもう一つ特徴的なのは、一週間に一度開かれる朝会でしょう。そこでは私や息子の昌司が中心となって、この一週間で読んだ本や見た映画のことを、自分や今の時代に引きつけて話し、みんなで感想などを言い合うのです。

思ったこと、考えたこと、感じたことをありきたりな言葉でなく、命の通った言葉にして、人に伝える。それは表現活動を続けていく上で非常に大切なことだからです。

私と母の共通点を聞かれることがありますが、それは二人とも非日常を大切にするということです。それは何も日常から遠くかけ離れたものではなく、ふつうならば見過ごしてしまうような、日常に潜む恩寵《おんちょう》的なものです。それは一人ひとり、違った形で訪れます。ですから、その瞬間を見過ごさないようにしなければなりません。

眼に見えるものだけが、この世のすべてではありません。わかりやすく形としてあるものや数字に置き換えられる評価、権力といったものだけでこの世は形づくられているわけではないのです。木の枝に思いもかけない桜色が蓄えられているように、見えないものにこそ、大切なものが隠されていることが往々にしてあるのです。

目に見えないものを受け取るには、平たく言えば、感受性を大事にすることです。そのためにはふだんから本を読み、絵画や映画を見て、自らの感性を耕しておかなければなりません。

織っていると、そこにどうしようもなく自分というものが現れます。自分という者がいかなる者かということに、遅かれ早かれ向き合わざるを得なくなります。ですからアルスシムラは、自分自身と出会う場所でもあるのです。

表現には、これで正解というものはありません。頼れるのは、自分自身の美的感性だけです。再現不可能な人生という限られた時間の中で、自分の感性を信じ、いかに自らを織り成していくか。それが染織を通じ、私が一番伝えたいことなのです。

（洋子）

あとがきにかえて

「魂を継承するということ」

対談　志村洋子×志村昌司

「血統《けっとう》」と「霊統《れいとう》」

洋子　今の時代、手仕事ではなかなか生活も成り立たず、継ぐ人も少なくなっています。そうした中、ありがたいことに息子が二人とも違う職業に就いていたにもかかわらず、バトンを渡せることになり私としてはとてもよかったと思いますし、母や亡くなった祖父母も喜んでいると思います。別のことを目指していた人間が、なぜ染織に惹かれて自ら入ったのか、この本を息子たちと一緒につくる中であらためて考えさせられました。

昌司　うちはもともと家業として染織をやっていたわけではないですからね。

洋子　祖母の小野豊《おのとよ》も染織に憧れ、細々とやってはいましたが、本格的にはじめたのは母からです。母が染織を選んだのは、祖母の跡を継ごうとか、憧れてとかではなく、「生活をしていくため」という思いが強かった。これだけの仕事ができたのは、周囲の先生方の励ましがあり、時代的にも恵まれ、才能もあったのだと思いますが、何より生活のためだったことも、けっこう大事な点だったと思います。

そんな経緯を聞かされながら大きくなっているので、自分が母の跡を継ぐとは全然思ってもいませんでした。ところが自我がしっかりしてくると、染織というのは単なる「染めて、織る」ものではなく、自然観や身体性において大変深い含蓄《がんちく》や哲学的な意味合いがあることがわかりました。そこで、自ら「絶対やりたい」と思って選んで入っていったのです。誰かに勧められたわけでもありません。そうして私も一生懸命やっているうち、今度は息子たちもそれまでの道を辞めて入ってきた。「跡継ぎがいない」と悩んでらっしゃる家にくらべ、跡継ぎを考えていなかったところから次の世代が自ら入ってきたところが、かなり独特かなと。そこが志村の流儀といえば流儀だと思っています。

昌司　考えてみれば曾祖母、祖母、母、それに僕ら兄弟もみんな三十代でこの仕事に入っていますね。

洋子　いろんな思いをしないと、なかなか物事の深みというものはわからないから。若い時はとくに、こういう仕事は現代的じゃないと思いがちです。ほかにやりたいことがいろいろある中で、うちの仕事に立ち戻るにはかなりの理解がないと。そこはやっぱり、祖母の代から「こういうことを大事にしなさい」と伝え聞いてきて、理解させてもらえるだけの素養が私たちの家系にあったのかもわかりません。そして、それが理解できるようになるのが三十代だったのかなと。

昌司　お能などの伝統芸能の世界では、お家元制があります。「沖宮《おきのみや》」を演じた金剛龍《こんごうたつ》謹《のり》さんは二十七代目ですし、名家というと室町時代や江戸時代くらいからもう何十代も続いていて。そういう家では、工芸の場合、二歳、三歳から芸事《げいごと》を教えている。そうでないと身につかないからですが、それこそ今は職業選択の自由があって、子供の頃から教え込むことはなかなかできない。祖母自身がもともと、自分がお家元になって、代々志村流みたいのをやろうと思っていたわけじゃありませんが、図らずもそうなっていって。

洋子　まったく縛られた覚えも、縛った覚えもないですね。それだけに自分がこの道に入るという、自分に対しての決意があったと思います。

昌司　それはたしかですね。ただ、これからも今までのように肉親でつないでいけるのか、伝統工芸の世界全体でみても危機的な状況です。そこで何か新しい継承の形を考えなければいけない時代ではないかと考え、学校をつくるに至ったわけです。

洋子　「血統」は血のつながった親子代々の世襲を意味しますが、それに対して宗教的、思想的な継承を意味する「霊統」という考え方があります。今、アルスシムラでは「魂の教育」と謳《うた》っていますから、ある種の「魂の霊統」です。これからは、そういう流れになっていく気がしています。血縁にこだわっていたのでは、たぶん持ちこたえられないと思いますね。

昌司　今の時代、血統で伝統を継承するのはもちろんむずかしいことですし、霊統となると、どこに飛んでいくかわからないところがあります。アルスシムラで教えていても、卒業生がその後も染織を続けるかどうかは定かではありません。「精神は引き継いで、自分はこういう仕事をやる」でも、僕はいいと思っています。自分の思いや仕事をダイレクトに目に見える形でつなげていくのは大変ですが、どこかの時代の誰かがまたその思いを継いでくれればいい。目の前のこの人に手渡すというのではなく、希望を持って、いつか誰かが継いでくれるだろうと思うものを残していくことが大事なのかなと。直接的な結果を求める時代じゃない気がしています。

手でつくることと表現することの意味

昌司　学校運営などの活動を通して伝えたいことは主に二つあって、一つは、手仕事が身体的知性を育ててくれるということ。もう一つは、自分を見つめ、表現することの大切さを伝えることです。

最近、ドイツ系ユダヤ人の哲学者ハンナ・アーレント（一九〇六―一九七五）の『活動的生』（みすず書房）や若松英輔《わかまつえいすけ》さんの『考える教室　大人のための哲学入門』（NHK出版）を読んで思ったことですが、これからの知識人は身体的知性を伴った知識人であるべきです。今の知識人には多分に身体性が欠けていて、頭脳だけで考えているから、非常にバランスを欠いた見方が出てきてしまいます。ではどうすればいいかというと、本当に必要な知性を陶冶《とうや》するには、手仕事が一つの大きなカギになります。

アルスシムラはその点、手仕事を中心にした学びの場です。人間が、自然の素材をいただいて、手を使ってものをつくる行為は、太古の時代からやってきていることで、今の時代にこそ必要なんだと思います。教育と手仕事を結びつけてもっと真剣に考える時代にならないと、ますます頭脳の暴走っていうんでしょうか、バランスの取れた人間が育たないのではないかと思います。

もう一つの表現についてですが、今の時代は情報があふれていて、自分がこの世で何を表現したいのか、わからなくなっている。けれど、発表するしないにかかわらず、誰もが何かを表現していいし、しないといけないんだっていうことを伝えたい。文章でも、着物でもいい。自分の心の中のものをこの世に表現してみよう、と伝えていくことはすごく大事なんじゃないでしょうか。

洋子　身体性と表現のどちらにもかかわることですが、先ほども言ったように母は生活するためにこの仕事をしたのであって、身体性や楽しみや、自己の発露といったことは基本的に考えていませんでした。ところが、やってみたら自分がどんどん出てきた。今の若者たちが自己表現したいと思ってアルスシムラに来るのとでは、順番が逆です。しかし、自己表現が先立つのは、どうしようもない現実なんですね。昨今はみんな賢くなって、自己が目覚めてしまっている。だから、どうするかという問題になるんですが。

昌司　昔は、一遍聖絵《いっぺんひじりえ》や大和絵《やまとえ》なんかもそうですが、仏教の教えを伝えるためのものが絵画だったわけです。ヨーロッパでも、結局伝えたい内容は非常に宗教的なものでした。でも現代社会では、多くの人が宗教を信じていない。十九世紀ぐらいから宗教は「なくてもいい」となって、では何を表現するかとなった時、自分の思いとか感情とか、もっと身近な内面的なものになった。それもだんだん人間の精神が矮小化されてくると、無理やりネタを探すみたいなことになってきて。宗教の存在が薄れたあと、目に見えない世界を思い描けなくなっています。そこが根本的に表現の貧困を生んでいるんじゃないかと思います。

洋子　現代人の芸術性を考えると、たとえば十九世紀から二十世紀初めは、ヨーロッパ人でも日本人でも、自分が依《よ》って立つところに、信奉や尊敬をしている何かがあって、自分はその一員として属して安定するのが、かつての人間の暮らしだったと思うんです。それが崇高なものであればあるほど、何かつくる時には何代もかけて一つの彫刻を彫るといったことに熱情を燃やせたけれど、今の現代人はそういうことに自分が燃えない。基本的に現代人って非常に孤独だと思うんですよ。満ち足りているように見えて、心の奥の奥で「いったい何で私は生きているのか」という問いを抱えている。

洋子　拠りどころがない。

昌司　そう。ただ逆にその孤独が芸術をつくり出すもとにもなる。孤独を一生懸命見つめる果てにいったい何が出てくるのかは、一人ひとりの問題。だから大変稚拙なものにならざるをえないけれども、それが現代人の創作というものでしょう。

新しい共同体をつくる

昌司　今は、何でも共有してつながる時代です。ネットワークが張り巡らされている社会に見えますけど、つながりの中でかえって個人が埋没していっていますよね。インスタグラム（写真を投稿するＳＮＳ）をはじめ、常にＳＮＳに何かをアップすることを考えて行動している人が多いですよね。

洋子　ご飯の時でも、食べる前に。

昌司　そう、現実よりインスタのほうが大事で、リアルな自分がなくなっている。ドイツの哲学者マルティン・ハイデガー（一八八九―一九七六）は、故郷がない時代において我々はどう生きるのかと問いましたが、アルスシムラの一番の問題意識も「故郷喪失の時代」にあります。クレド（信条、志、約束を意味するラテン語）の最初に「アルスシムラは一人ひとりの魂のふるさとに出会う場所です」と掲げています。

昔は家族やお寺、自然など依って立つところがありましたが、今は共同体が崩壊し、どこにも属さず、職業も自由に選択できます。自由と引き換えに、心の拠りどころが失われてしまった。その中で何か確かなものとつながりたいという気持ちは、当然あるわけですが、最終的にそれは自然ではないかと。アルスシムラに来て、自然と自分自身が融合する中で、一つの拠りどころを見つけたという人は多いように思います。

洋子　でも、現代では自然といっても、もはや幻想ですよ。ただ人間も自然の一部ですから、共同体を育むことが第二、第三の自然を形成するってことじゃないですかね。

昌司　たしかにそうかもしれないね。いずれにしても、アルスシムラに精神の拠りどころを求めてやってくる人は増えていますね。

洋子　アルスシムラのような学校に来る生徒は、高学歴で、職場でもいいポストにいるのに辞めて入ってくる。ある人は「今の時代のスピードについていけない」と言います。みなさん、能力はおありですから、こなすことはできるんです。でもそれで疲労して、

「私のエネルギーはこんなことに使うはずではない」っていう思いが積もり積もったところにアルスシムラを見つけ、「やっと息がつけた」という人がたくさんいます。今までの仕事だったら、八時間労働をこなすのも大変だったのが、うちだと二十四時間やっていても平気というぐらい、「学校は天国だ」と言う人がほとんどです。

そうしてやってきた人たちに何を教えるのか。「芸術教育」を謳っていますが、芸術は教えようと思ったらダメで、一緒に染めたり織ったりして、場を与えるだけなんです。古典的な伝達の方法ですが、そうやって見て学ばないと。ですから大切なのは、座学だと私は思っています。哲学や自然の見方を一緒に考えたり体験したりして、「それであなたの心がどう織るの?」と問いかけたあとに、染めたり織ったりの実技がくるのであって。織るのは単なる平織《ひらおり》なので、技術的には誰でも織れますから。

昌司　平織を習得するのにも一年はかかりますが、技術を使って何をしたいのかが一番大きい問題ですよね。祖母なり母なりの特徴は、昔からある平織の世界で、それを一つのキャンバスとして、自分の心象風景を織ったことが非常に特徴的だったわけです。祖母からよく「勉強しなさい」と言われますが、それは単に机に向かう「勉強」ではないんです。

洋子　そうそう、「Study」じゃないのよね。何でもいいから何かのファンになりなさいってことだと思います。それってとても大事だと思うんですよね。何か好きになれば、芋づる式にその関連のものを読んだりして、自分の中で深めていけますから。

昌司　僕自身を含めて今の人は、心から好きと言えるものを見つけるのが非常にむずかしくなっている。知っていることはいっぱいあっても、情報に流されて、それこそ心が追いついてないのかもしれませんね。

洋子　精神の拠りどころを求めてアルスシムラに来た人たちと、未来に何を見出すのか。霊統の話からいくと、日本人だけにつないでいくことでもないかもしれないと思っています。たとえば、私たちがずっと惹かれているゲーテやシュタイナーは東洋、とくに東洋の美意識、色彩感覚に対して非常に興味を持っていました。そして、東洋人の色にかかわる人たちに、自分たちのこれからの仕事をつないでいってほしいというようなことを言って死んでいます。ですから、東洋に飛び火したっていいわけです。

彼らの思いと同様に、私たちのやっていることがどこか違う国に行ってもいい。目に見えるバトンタッチではないかもしれませんが、真の魂の継承を求めて代を重ねているような気がして、それはひょっとしたら大事なことなのではないかと思っています。

（二〇一九年五月十六日収録）

志村家　年譜

一九二四（大正一三）年　［ふくみ0歳／豊29歳］
九月三十日、医師の小野元澄（父）と豊（旧姓は川上）の次女として滋賀県近江八幡で誕生。元澄の生家は大分県佐賀関で代々続いた医家。豊は大阪・道頓堀周辺の砂糖問屋の生まれ。女学校時代に親友となる同級生・尾竹ふくみ（姉は富本憲吉夫人で『青鞜』の尾竹一枝）と出会う。十代の頃から芸術に強い関心を持つ。

一九二六（大正一五／昭和元）年　［ふくみ2歳］
元澄と豊は断腸の想いで、ふくみを志村哲（元澄の実弟）と日出夫妻の養女に出す。養父母とともに東京・吉祥寺に移り住む。四月、元澄と豊は、滋賀県初の私立小学校・昭和学園設立に協力。翌年、豊は柳宗悦の上加茂民藝協団に参加し、青田五良に師事。草木染めと地機織りを学ぶ。

一九三一（昭和六）年　満州事変勃発　［ふくみ7歳］
武蔵野の私立成蹊小学校へ入学。

一九三二（昭和七）年　上海事変勃発　［ふくみ8歳］
日本郵船会社勤務の養父の転任により、上海へ。

一九三六（昭和一一）年　［ふくみ12歳］
上海が戦火に見舞われ一時帰国。福岡県立女学校へ転校。

一九三七（昭和一二）年　日中戦争始まる　［ふくみ13歳］
上海に戻る。夏に青島に移り、青島女学校へ転校。

一九三九（昭和一四）年　〔ふくみ15歳〕
養父の転任により、長崎へ。活水女学校に転校。

一九四〇（昭和一五）年　〔ふくみ16歳〕
勉学のため東京の文化学院女子部に転校。同じ学校に通っていた実の姉兄と共に暮らす。

一九四一（昭和一六）年　太平洋戦争勃発　〔ふくみ17歳〕
正月に近江八幡の生家・小野家を訪れ、初めて実の両親のことを知る。豊より初めて機織を習う。十一月、次兄・凌永眠。

一九四二（昭和一七）年　〔ふくみ18歳〕
文化学院卒業。養父の任地、上海へ。

一九四四（昭和一九）年　〔ふくみ20歳〕
養父が神戸に転任。神戸で戦火に遭う。

一九四六（昭和二一）年　〔ふくみ22歳〕
養父母と東京へ。数か月後、実兄・小野元衞（翌四七年に永眠）の看病のため近江八幡に移り住む。

一九四八（昭和二三）年　〔ふくみ24歳〕
東京に戻る。

一九四九（昭和二四）年　〔ふくみ25歳〕
一月に松田周一郎と結婚。十二月に長女・志村洋子誕生。

一九五三（昭和二八）年　〔ふくみ29歳〕
次女・潤子誕生。

一九五四（昭和二九）年　〔ふくみ30歳〕
近江八幡に滞在。両親と懇意であった柳宗悦に出会い、織物への道を勧められ決意。

一九五五（昭和三〇）年　〔ふくみ31歳〕
松田周一郎と離婚。洋子と潤子を東京の養父母に預け、実家の近江八幡に移り住む。豊の指導を受けながら、植物染料による染色と紬糸による織物を始める。

一九五六（昭和三一）年　〔ふくみ32歳〕
木漆工芸家・黒田辰秋に出会い師事。

一九五七（昭和三二）年　〔ふくみ33歳〕
第四回日本伝統工芸展に《方形文綴織単帯》を出品、入選。豊はふくみのために織小屋を建てる。陶芸家の富本憲吉、染織家の稲垣稔次郎に出会い師事。

一九五八（昭和三三）年　［ふくみ34歳］

第五回日本伝統工芸展に紬織着物《秋霞譜（のち秋霞）》を出品、奨励賞を受賞。以降、同展に毎年出品。五九年、紬織着物《鈴虫》で文化財保護委員長賞を受賞。六〇年、紬織着物《七夕》で朝日新聞社賞を受賞。六二年、紬織着物《月待》を出品。以降、特待者として同展に出品。

一九五九（昭和三四）年　［ふくみ35歳］

娘・洋子と潤子を東京より呼び寄せ、一緒に暮らす。

一九六〇（昭和三五）年　［ふくみ36歳］

この頃、白洲正子と出会う。

一九六二（昭和三七）年　［ふくみ38歳］

ふくみの実父・小野元澄永眠。

一九六四（昭和三九）年　［ふくみ40歳］

細川護立の推薦により東京・銀座の資生堂ギャラリーで第一回作品展を開催。以後、一九八四年まで八回にわたり同ギャラリー他で作品展を開催。

一九六八（昭和四三）年　［ふくみ44歳］

京都・嵯峨に移り住む。東京より養父母を呼び寄せて一緒に暮らす。

一九七二（昭和四七）年　［ふくみ48歳］

ふくみの養父・志村哲永眠。洋子の長男・昌司が誕生。

一九八一（昭和五六）年　［ふくみ57歳／洋子32歳］

洋子がふくみを師として染織の仕事をすることを決意。嵯峨の工房に入り、藍建てを科学的に検証する。洋子の次男・宏が誕生。

一九八二（昭和五七）年　［ふくみ58歳／洋子33歳］

群馬県立近代美術館で「志村ふくみ展」を開催。『一色一生』（求龍堂）を刊行。翌年、本書で第10回大佛次郎賞を受賞。

一九八四（昭和五九）年　［ふくみ60歳／洋子35歳］

ふくみの実母・豊永眠（89歳）。『裂の筥』（紫紅社）、『一茎有情　対談と往復書簡』（宇佐見英治・志村ふくみ共著、用美社）刊行。

一九八五（昭和六〇）年　［ふくみ61歳／洋子36歳］

洋子の次男が通う幼稚園でルドルフ・シュタイナーの人智学に触れ、洋子、ふくみともに影響を受ける。

一九八六（昭和六一）年　〔ふくみ62歳／洋子37歳〕
『色と糸と織と』（岩波グラフィックス）刊行。紫綬褒章を受ける。

一九八八（昭和六三）年　〔ふくみ64歳／洋子39歳〕
ふくみの養母・志村日出永眠。京都市広河原に山荘を建てて仕事場とする。

一九八九（平成元）年　〔ふくみ65歳／洋子40歳〕
ふくみ、洋子の二人で「都機工房」を設立。

一九九〇（平成二）年　〔ふくみ66歳／洋子41歳〕
重要無形文化財保持者（人間国宝）に認定される。

一九九二（平成四）年　〔ふくみ68歳／洋子43歳〕
『語りかける花』（人文書院）刊行。翌年、本書で日本エッセイスト・クラブ賞を受賞。

一九九三（平成五）年　〔ふくみ69歳／洋子44歳〕
十月、文化功労者に選ばれる。『母と子の織りの楽しみ』（ふくみ・洋子共著、美術出版社）を刊行。

一九九四（平成六）年　〔ふくみ70歳／洋子45歳〕
十月、滋賀県立近代美術館で開館十周年記念「志村ふくみ展 人間国宝・紬織の美」展が開催。『織と文』（求龍堂）刊行。

一九九六（平成八）年　〔ふくみ72歳／洋子47歳〕
「志村ふくみ・洋子二人展」を東京・銀座の和光で開催。

一九九七（平成九）年　〔ふくみ73歳／洋子48歳〕
『心葉 平安の美を語る』（白畑よし・志村ふくみ共著、人文書院）刊行。

一九九八（平成一〇）年　〔ふくみ74歳／洋子49歳〕
「志村洋子展」を東京・銀座の和光で開催。『色を奏でる』（筑摩書房）刊行。

一九九九（平成一一）年　〔ふくみ75歳／洋子50歳〕
『母なる色』（求龍堂）刊行。

二〇〇〇（平成一二）年　〔ふくみ76歳／洋子51歳〕
定本『志村ふくみ「裂帖」』（求龍堂）刊行。

二〇〇一（平成一三）年　〔ふくみ77歳／洋子52歳〕
『たまゆらの道 正倉院からペルシャへ』（ふくみ・洋子共著、世界文化社）刊行。

二〇〇三（平成一五）年　　　　〔ふくみ79歳／洋子54歳〕
『ちよう、はたり』（筑摩書房）刊行。

二〇〇四（平成一六）年　　　　〔ふくみ80歳／洋子55歳〕
『続・織と文 篝火』（求龍堂）刊行。

二〇〇五（平成一七）年　　　　〔ふくみ81歳／洋子56歳〕
『新装改訂版 一色一生』（求龍堂）刊行。

二〇〇六（平成一八）年　　　　〔ふくみ82歳／洋子57歳〕
鶴見和子との共著『いのちを纏う 色・織・きものの思想』（藤原書店）刊行。

二〇〇七（平成一九）年　　　　〔ふくみ83歳／洋子58歳〕
『小裂帖』（筑摩書房）刊行。井上靖文学賞受賞。

二〇〇九（平成二一）年　　　　〔ふくみ85歳／洋子60歳〕
ドストエフスキーについて書いた『白夜に紡ぐ』（人文書院）刊行。『しむらのいろ 志村ふくみ・志村洋子の染織』（求龍堂）刊行。

二〇一〇（平成二二）年　　　　〔ふくみ86歳／洋子61歳〕
『志村ふくみの言葉 白のままでは生きられない』（求龍堂）刊行。『雪月花の日々 京都暮らし 春夏秋冬』（ふくみ・洋子共著、淡交社）刊行。

二〇一一（平成二三）年　　　　〔ふくみ87歳／洋子62歳〕
『美紗姫物語』（求龍堂）刊行。洋子にとって初の作品集『志村洋子 染と織の意匠 オペラ』（求龍堂）刊行。

二〇一二（平成二四）年　　　　〔ふくみ88歳／洋子63歳〕
文庫『私の小裂たち』（筑摩書房）刊行。『晩禱 リルケを読む』（人文書院）刊行。特装本『美紗姫物語』（求龍堂）刊行。『薔薇のことぶれ リルケ書簡』（人文書院）刊行。

二〇一三（平成二五）年　　　　〔ふくみ89歳／洋子64歳／昌司41歳／宏32歳〕
京都・岡崎に芸術学校「アルスシムラ」開校。第一期生入学。『伝書 しむらのいろ』（求龍堂）刊行。

二〇一四（平成二六）年　　　　〔ふくみ90歳／洋子65歳／昌司42歳／宏33歳〕
『新装版 母と子の織りの楽しみ』（美術出版社）刊行。石牟礼道子との往復書簡『遺言 対談と往復書簡』（筑摩書房）刊行。第30回京都賞受賞（思想・芸術部門）。「はじめての志村ふくみ。着物から小裂から。」を東京・ＴＯＢＩＣＨＩで開催。

二〇一五（平成二七）年　［ふくみ91歳／洋子66歳／昌司43歳／宏34歳］

文化勲章を受章。京都・嵯峨にアルスシムラ嵯峨校開校。ミナ ペルホネンとのコラボレーション「シムラの着物ミナの帯」展を東京・TOBICHIで開催。『つむぎおり』（求龍堂）刊行、アルス（普及）版は二〇一六年。

二〇一六（平成二八）年　［ふくみ92歳／洋子67歳／昌司44歳／宏35歳］

「志村ふくみ 母衣への回帰」を京都国立近代美術館で開催。沖縄県立博物館・美術館、世田谷美術館に巡回。若松英輔との往復書簡『緋の舟』（求龍堂）刊行。志村昌司を中心とした次世代によって染織ブランド「アトリエシムラ」設立。

二〇一七（平成二九）年　［ふくみ93歳／洋子68歳／昌司45歳／宏36歳］

洋子『色という奇跡 母・ふくみから受け継いだもの』（新潮社）刊行。三月、京都・岡崎に「アトリエシムラ Shop & Gallery 京都本店」オープン。「アトリエシムラの世界—染織家・志村ふくみ・洋子からアトリエシムラへの継承」展を銀座・三越にて開催。「彩雲—アトリエシムラの裂小物展—」を東京・八雲茶寮にて開催。七月、東京・成城に「アトリエシムラ Shop & Gallery 東京・成城」オープン。

二〇一八（平成三〇）年　［ふくみ94歳／洋子69歳／昌司46歳／宏37歳］

「太宰府天満宮で見る シムラの着物 気仙沼のニット」展開催。京都・岡崎から四条河原町に「アトリエシムラ Shop & Gallery 京都・本店」移転オープン。石牟礼道子原作の新作能「沖宮」で衣裳を担当。熊本、京都、東京の三都市で公演。『新作能「沖宮」イメージブック』（石牟礼道子、志村ふくみ共著、能楽・金剛流、写真・石内都、求龍堂）刊行。

二〇一九（平成三一）年　［ふくみ95歳／洋子70歳／昌司47歳／宏38歳］

「志村ふくみ展」を茨城県近代美術館、郡山市立美術館、姫路市立美術館で開催。新作能「沖宮」DVDブック『魂の火—妣なる國へ』（求龍堂）刊行。

※著書は特に記載がない場合は志村ふくみ著

著者略歴

志村ふくみ
1924年生まれ。1990年、紬織の重要無形文化財保持者（人間国宝）に認定。2015年、文化勲章受章。『一色一生』（大佛次郎賞）、『語りかける花』（日本エッセイスト・クラブ賞）など著書多数。

志村洋子
1949年生まれ。30代で母ふくみの染織の世界に入る。1989年、織物を通して文化や芸術を総合的に学ぶ場「都機工房」を京都・嵯峨に創設。著書に『色という奇跡—母・ふくみから受け継いだもの』など。

志村昌司
1972年生まれ。京都大学法学研究科博士課程修了。京都大学助手、英国Warwick大学客員研究員を務める。2013年、京都・岡崎に芸術学校「アルスシムラ」を開設。2016年に染織ブランド「アトリエシムラ」設立。

詩＝志村宏（1981年生まれ。現在、植物染料を畑で育成、採集し、研究している。アルスシムラ特別講師も務める）

参考文献

ヨハン・W・V・ゲーテ、木村直司・訳『色彩論』ちくま学芸文庫、2001年
ルドルフ・シュタイナー、高橋巖・訳『色彩の本質』イザラ書房、1986年
小泉八雲、平川祐弘・編『神々の国の首都』講談社学術文庫、1990年
渡辺京二『逝きし世の面影』平凡社ライブラリー、2005年
高橋義人『悪魔の神話学』岩波書店、2018年
柳宗悦『工藝の道』講談社学術文庫、2005年

夢もまた青し　志村の色と言葉

２０１９年８月20日　初版印刷
２０１９年８月30日　初版発行

著者――志村ふくみ　志村洋子　志村昌司
発行者――小野寺優
発行所――株式会社河出書房新社
〒１５１-００５１
東京都渋谷区千駄ヶ谷２-３２-２
電話　０３-３４０４-１２０１（営業）
　　　０３-３４０４-８６１１（編集）
http://www.kawade.co.jp/

印刷・製本――三松堂株式会社

Printed in Japan
ISBN978-4-309-02823-1